紫微斗數原來這麼算

從入門到執業只要這一本

廉天地陰天天幫天 貞相空煞鉞廚神方		天天對天白華 哭刑鑰哭虎蓋 旺	七陀天 殺羅姚 廟陷
	4-13 (7.19.31.43.55.67.79.91) 【命宮】　　　乙未		114-123 (8.20.32.44.56.68.80) 【父母宮】　　丙申
		天文祿天破 同曲存宮碎 平廟廟 科 104-113 (9.21.33.45.57.69.81) 【福德宮】　　丁酉	

林金郎 ——

著

推薦序

近代建立紫微斗數原理與架構最完整的一本書

吳孟龍

二〇〇三年，我有幸的看到林金郎先生大作《紫微很簡單》，當時這本書掛在金石堂排行榜紫微類第一名連續好幾個月之久，這不是沒有原因的，因為林金郎先生書中對紫微斗數做了仔細的考證，也提出了很多新穎的概念，這在當時都是罕見的，而書中資料的齊全、分類的條理更不在話下。

我本身對紫微斗數也充滿熱愛，十多年來收集的資料大概也有一套百科全書那麼多了，而且也比較過上千個命盤，我一直有個願景：希望能建立臺灣紫微斗數完整的資料庫，用電腦統計方式進行斗數的應驗分析，還有就是建立一個遍及全球的線上諮商網。這在網路時代，當然不只是一個夢，但我更需要一位學養俱佳，而且充滿理想熱情的 partner。

此時，我已經結束國外的事業返臺，著手準備進行這項工作，當我讀到林金郎先生的大作後，又陸續閱讀了他的哲學、文學、商管作品，我知道，他就是那位 partner 了。於

是我主動打電話給他，跟他討論我的想法，事情比我想像的還順利，因為他竟然當場就答應了。事後我問他，為什麼他會答應得如此乾脆，甚至不詢問任何有關合作的細節，他的答覆是：我也正在等待這樣一位熱誠的人。

可能一切都是註定好的吧！

事業在掌控中進行著，這兩年多來，金郎幾乎一直沉浸在哲學的領域裡，所以他對生命、哲學的看法也更為深刻，這本書深入的探討紫微斗數的架構和原理，進階層次也更為分明，很適合讀者一步一步進入紫微的深妙殿堂，而且我必須說，這本書，應該是近代建立紫微斗數原理與架構最完整的一本書。

如果可以，我想邀請大家，一起把紫微斗數科哲學推廣到全世界，因為我始終相信，老祖宗的智慧可以提供現代人可靠的參考，讓我們不會陷於茫然。

（推薦人：吳孟龍，佛羅里達大學企管、荷蘭大學財經雙碩士，曾任美國花旗、美林國際金融機構資深顧問、國內基金經理人，著有《漫畫式紫微斗數》、《漫談美國基金》等書，現為 HTC 投資集團副總裁。）

序

先行慈悲喜捨，方得無上智慧

很高興新增修的紫微斗數要出版了。二〇一四年我正式轉入出版文化業，此後八年間，我幾乎過著半伏居的生活，辭去原本不錯但紛擾的職務，換一個基層但平淡的工作，為的就是讓自己能有更多的時間可以閱讀、思考、寫作，後來我又考入中文博士班，專研中國佛學、《易經》，希望能在這兩個領域更加精進，因為這需要大量的寧靜與冥思，所以至此，我只打算平凡的過一生。但期間我還是遇到了一些良善的因緣——很多讀者來訊息希望能再購買到我的書，所以我也隨順的將稿子寄了出去，沒想到隔天就收到紅螞蟻（知青頻道）的回信，並在一週內簽約完畢——我一向不大相信天公註定，但相信因緣，種良善的因緣自然會得良善的果實，而這也是我對命理的態度，我們現在的命運，不也是過去及前生的果實？

其實，我自己也知道，我並不會如願這麼快樂逍遙的過完剩下的日子，《大智度論》：「四無量心，所謂慈、悲、喜、捨。」「行四無量心，但行清淨行。」「大悲是一切諸佛、菩薩功德之根本，是般若波羅蜜之母，諸佛之祖母。菩薩以大悲心故，得般若波羅蜜。」也就是，我們需先在人世

間貫徹慈悲喜捨，之後才能領悟佛理的究竟。因此我們每個人來這世上，都應該盡可能地貢獻自己的專長去服務別人，接著生命的意義便能自動的逐漸豁然開朗。

其實我並不認同命理要陷到「宿命」或「求祿」的窠臼裡，相反的，我更重視它能帶給人「創造」生命的啟示，還有瞭解如何「圓滿」的處理這輩子的事務。當然，我也希望讀者能用這種真摯的角度來看待紫微斗數、天地的運行和生命的價值，而非只吹噓它的神準，或能為人催運求福，法力不及業力，沒有人躲得過自己的造作，現在借你的，將來還是會要回來。

本書最大的增修在於「附錄篇」，在這裡我對幾千年來華人一直在沿用，卻始終無法明確言明的斗數由來、十二生肖由來、六十納音由來等，都以學術的方法做了考證和說明，希望我們都可以不再「知其然，卻不知其所以然」，當然也更在說明，中國命理其實都有所根據，而非只是江湖的術士之言。（不過，如果過度吹噓膨脹，也會淪於無稽之談。）

希望命理可以幫助我們透視生命的軌跡與意義，讓我們理解活過一回有何功課和目的，每個人都應該好好活過一回，也努力的圓過一場夢。

二〇二二年 母親節

目　錄

基礎篇

學習此篇者，
將擁有紫微斗數基本的認識與運算能力，
並可用十四主星、四化、六吉、七煞
批算十二宮祿命。

第一章　命學概論

　　學習命理學當然首先必須先認識為何會有「命」及「運」，因為這是屬於形上學的部分，所以必須以宗教的觀點來解答，同時學習者也應該學習更多的善知識，才能對別人有正確的引導，而非以自我主觀意識信口開河，淪為怪力亂神的江湖術士，這是開宗明義與大家共勉的。

壹、命運的形成

　　下列學說可說明為何人會有命與運先天差別的形上法則。

一、佛家：因果

　　種因必定生果，生果必定造「業」，好的業稱「福報」，壞的業稱為「業障」。業報什麼時候發作？不一定，要視「緣」的配合而定，所以為惡者還能洋洋得意，並非不報，而是時候未到。今生的命運取決於累世的福報與業報，是毋

庸置疑的，同時，我們這輩子的所作所為，也將是下輩子命運的依據，正所謂「若問前世因，今生受者是；若問來世果，今生做者是」。

二、道家：自然法則

天體運行有一定的道：自然的規律與軌道，人也一樣，此生此世或累生累世都有它的自然運行曲線，有時氣盛，有時氣衰；有時行疾，有時行緩，猶如波浪，忽而在高點，忽而在低點，但也因而才能構成運行。陽光會普照在每個人身上，不會因為他是好人或壞人就有增減，自然規律展現在人身上也一樣，所以好人也有運緩的時候，壞人也有運旺的時候，這部分與因果無關，是自然的運行法則。如果了然這道理，運緩時就應該釋懷，運旺時就應該謙卑。

三、儒家：天命

孔子說，吾七十知天命；孟子說，天降大任於斯人也。天命觀就是認定人有先天設定的歷練與學習事項，並且有要歷練的事件。所以命運不好的人，不一定是因果不好，或許是為了精進，要接受更多的磨練，正所謂「歷劫降道」。

而命運好的人也不用自喜，或許他自我設定較低，所以凡事順利，雖然極盡福樂，卻沒有什麼進步空間，而且福份享完了，「存款」就沒了。

　　綜合以上三種學說，我們可知，人的命運有多種成因，千萬不能以好命、壞命來斷定一個人「本質」的好壞，透過命理，我們瞭解每個人的特質、運勢曲線、有利的方法，乃至提供達到成功最佳的路徑，這些都是為了讓我們能夠發現本心，並服務更多人，如此學習命理，便有正確的意義和價值。

貳、命運學裡命、運定義

一、本命

　　因為人吸第一口氣時，才成為真正獨立的生命個體，所以以吸第一口氣為誕生的標準，在此之間，還依賴母體供給養份與氧氣，當然不是獨立生命體，出生後如果不能呼吸，當然也無法成為獨立生命體，因此以吸第一口氣──出生的時辰為準，而非受精、著床，或出生前後的任一時刻為準，所以中國人說「鼻祖」，便是重視「氣」與「開始」的意涵。

在占星術或星命學的角度而言，人生下來後就會有一張命盤，那就是人出生時的星座圖。因為就星象學而言，宇宙是一個能量場，星曜就是這些能量的表現，所以人出生時的星座排列，就是他一輩子的能量場，這是就「本命」，是永遠不變的。但星曜位置是會移動的，所以人受星曜照射的影響也隨時在改變，這就是「運勢」，這隨時都會流動。

八字學的立場也大同小異，只是它們不是以星曜當成指標，而是以出生當時干支的五行之氣為指標。紫微斗數不以實際的天文星座為依據，但它以出生時辰排出的命盤，也是一張虛擬的星座圖，這就是本命，這些星系也會移動，這就是所謂的運勢。

二、運勢

雖然每個人出生後都有一張星座圖，但此後星曜的移動並非根據實際天文規律移動，否則每個人後天的運勢便都一樣了。星象學運勢的移動有另外的法則，它是以人出生當年的月令來比擬以後每十年或每年、每月、每日、每時辰的運勢，讀者可以參考「造命原理研究命」一章，星命、紫微斗數、八字的運勢法都是利用這個原理。

參、預測學種類

中國流傳各種預測方法，但並非都是「命學」，命學定義為：利用生辰（年、月、日、時，乃至刻）來說明「個人」祿命的方法。以下簡單說明各種預測方法，以資釐清。

一、五術

一般人誤以為命學就是五術，正確的說法是，命學是五術之一，五術為山、醫、命、相、卜，簡介如下。

1. **山**：方外養生、修仙、練法，類似道人修行。
2. **醫**：醫療、藥方、針灸、民俗療法。
3. **命**：八字、星象、星命、神煞、擇日、合婚。
4. **相**：手面骨相、姓名、印章、陰陽宅（風水堪輿）。
5. **卜**：易經、梅花易數、太乙神數、奇門遁甲、大六壬。

二、常見命運預測學

1. **命**：如八字、斗數、鐵板、星象、星命、神煞等利用生辰推算的學問。
2. **相**：如手、面、摸骨，是詳相形、質地以斷福禍的學問。
3. **卜**：如易經、金錢卦、米卦等各種卦，利用陰陽的原理

推算。

4. **筊**：即擲筊抽籤，不是利用易經陰陽原理，是向神請益的方式。

5. **靈**：託神、養鬼探詢消息等。

6. **通**：利用六通得到資訊。

7. **數**：如梅花易數、九宮，利用河圖、洛書；八十一數的數術原理推算事件。

8. **甲**：如奇門遁甲，利用五行、干支乃至神煞的時空生剋關係趨吉避凶。

9. **字**：如測字，利用六書原理指事、象形、形聲、會意、轉注、假借。

10. **名**：利用筆劃、五行、九宮、文字等方法用人名斷吉凶。

11. **密**：利用密宗的方法斷事、求福、避禍，如占察木輪。

12. **占**：利用實際的天文星曜、天象判斷福禍。如：五星占。

13. **局**：利用風水趨吉避凶，陽宅稱格局，陰宅稱堪輿。

肆、星象學種類

前面說明了「命學」的定義，再來說明命學的種類。

命學可分為兩個系統，一是由陰陽五行與干支形成的子

平（八字）系統，一是由天象學演進的星象系統。因為斗數是星象系統的一支，所以本書只討論星象系統。

「天象學」是一個概稱，包含單純研究天體變化的「天文學」，以及藉天文來解釋人間福禍的「星象學」。

「星象學」一般又分為「占星學」與「星命學」，作者又加了一個「神煞學」。

一、占星學

「占星學」觀察天象得到實際的天文星曜、天空現象，再以「分野」做為推測的依據，用於推測國家大事。所謂「分野」就是將天空的位置依方向、區域對照人間的地方、國家。

後來先賢把資料書面化，利用流傳的資料或公式也可用來推測星曜位置，判斷福禍。如：《開元占經》利用恆星、行星、衛星、流星、新星等的現象解釋國家的福禍。《五星占》運用金木水火土五行星的天文軌道，來說明吉凶。但占星術多用於國家大事，以及因而類推出來的人，所以不是「個人」的祿命法，不能稱為命學。

二、星命學

「占星學」與「星命學」最大的不同有二：

1. 星命學已發展出「命宮」，不像占星學是利用分野對照區域地方，所以能用來斷個人的福禍。

2. 占星學視整個天文狀況來斷事件，而星命學純以星曜來斷事件，這樣的發展應該是占星學留下了翔實的資料，記錄星曜的行度、變化，所以只要運用資料或公式就可預測星曜的狀況，很是方便。

所以，星命學是運用資料或公式推斷實際天文星曜的位置，藉以判定對個人命宮影響的學問。譬如：「七政四餘」之術便是利用推算日月、五行星（故合稱七政）、四餘（紫氣、月孛、羅睺、計都）的位置對人命宮的影響，來解釋個人的吉凶，很類似今日的西洋占星術，也是運用資料推算天文星曜的位置，以及因而對人命宮的影響來判斷事件。

三、神煞學

作者之所以將「神煞學」與「星命學」分開，乃因為星命學運用的是實際的天文星曜（稱為實星），但「神煞學」運用的，卻是完全假設的星（虛星），它們與實際天文星曜

的運行規則、徵驗完全不同，不能相提並論。

星命學發展過程便摻雜了許多神煞，但後來又有完全用神煞來解釋命運的神煞系統，譬如斗數就是完全的神煞系統，斗數裡沒有一顆星是依天文軌跡佈置或運行的。

較出名的星命神煞學有：

1.　星命總括：明 ・ 遼耶律純撰。
2.　星學大成：明 ・ 萬民英撰。
3.　星命淵源：收於清朝《四庫全書》。
4.　張果（果老）星宗：收於清朝《古今圖書集成》。
5.　十八飛星：清朝。
6.　紫微斗數：清朝。

第二章　紫微概論

為何叫「紫微斗數」？中國星曜信仰裡，星座可分為北斗、南斗、中斗、東斗跟西斗，紫微斗數是簡化這些斗星來的，並且以北極星——紫微星為首，故曰「紫微斗數」。

「斗」是象形字，就是由數顆星組成一個星座的意思，但紫微斗數中並未用到東斗跟西斗，而且北斗、南斗、中斗的建制也都打破天文的建制，另成星系，可參考「紫微星系架構研究」一章。

壹、斗數演化

1. 星象學：使用實際的天文與分野技術。
2. 星命學：使用天文星曜與命宮，混雜若干徵驗神煞。
3. 神煞系統：確定命宮與其餘十一宮，並運用完全的徵驗神煞。
4. 傳唐・張果著有《果老星宗》。
5. 傳五代・陳希夷創紫微斗數。
6. 傳宋・吳景鸞著《紫微斗數星訣》。

7. 民初陸斌兆著《紫微斗數講義》、徐良弼校訂《十八飛星策天紫微斗數》、張耀文著《紫微闡微錄》。

8. 現有中州派（陸兆斌、王亭之）、北派（徐良弼、張開卷）、閩（南）派（張耀文）。

貳、斗數派別簡介

一、中州派

1. 以生月、生時取命宮。

2. 以命宮干支五行局與生日取紫微。

3. 佈北南中斗諸星。

二、北派

1. 從《十八飛星策天紫微斗數》演化而來。

2. 取紫微當命宮，子年紫微在未，每年順取。

3. 佈紫微及十八飛星。

三、南派

1. 同中州派。

2. 取五行局、四化、大限有所不同。

參、斗數簡介

一、斗數是星命神煞學一支，故以星曜、宮位的相互影響為推算技術基礎，而這些技術多是從星命學衍生過來的。

二、星曜分成分北斗（紫微）星系、南斗（天府）星系、中天（日月、四化）星系與流年星系（見「小星」一章）。

三、星曜又依功能不同而分為主星、輔星、小星、四化星。主星主架構，輔星主血肉，小星主細部，四化點精氣，四者皆需同參，否則不全（坊間若干學者主張不用小星，如此雖能知著，卻不能見微，古人有智慧演化斗數，必不會昧至散佈贅星）。

四、斗數共有多少星曜？因派別不同多有差異（於小星部分尤然），清朝更因民間神煞過多，甚至上千，故不得不由官方學者刪定至兩百餘顆。中州派斗數星曜為 108 顆星（但其中「截路」一星分佔二宮，分別稱為正空、傍空），108 之數乃 36 天罡、72 地煞之和。而佛教亦喜用 108 之數，此乃過去、現在、未來時間三世，而空間有四方，故時空成 12 之數，十界中除了佛界外其餘 9 界皆為虛妄，12×9 故成 108 之數，所以有 108 種煩惱、

108 種斷句、108 種譬喻……等。

五、祿命法一開始是以自然現象批斷國家大事，所以斗數是以天象仿照人間，如：皇帝、宰相、左右輔臣、文臣、武將……，更以天上十二宮位比照人的十二大祿命。

六、斗數乃以自然天文擬化斷個人禍福，所以自然因素、個人因素皆同列參考，故應年干四化與宮干四化同參（詳見「四化」一章）。

七、凡祿命之術皆為「個人」命盤，所以如欲再詳斷其雙親、子女……皆需雙方和合方能準確（詳見「和合法」一章）。

　　紫微斗數是利用「命盤」來批命，所以先從「命盤」開始介紹，各位可以從任何免費列印命盤的網站，列印出命盤。茲以「中華民國」的命盤為例說明。

巨文天天空天 門昌馬福亡虛 旺廟 祿忌 24-33 (5.17.29.41.53.65.77.89) 【夫妻宮】【身宮】　癸巳	廉天地陰天天解天 貞相空煞鉞廚神才 平廟 14-23 (6.18.30.42.54.66.78.90) 【兄弟宮】　甲午	天天封天白華 梁刑誥哭虎蓋 旺 4-13 (7.19.31.43.55.67.79.91) 【命宮】　乙未	七陀天 殺羅貴 廟陷 114-123 (8.20.32.44.56.68.80) 【父母宮】　丙申
貪地紅截恩天 狼劫鸞路光壽 廟　廟 34-43 (4.16.28.40.52.64.76.88) 【子女宮】　壬辰	中華民國 陰男 國曆　　1 年　1 月　1 日　巳　時生 農曆　辛亥 年　11 月 13 日　巳　時生		天文祿天破 同曲存官碎 平廟廟 　科 104-113 (9.21.33.45.57.69.81) 【福德宮】　丁酉
太鈴龍旬 陰星池空 陷利 44-53 (15.27.39.51.63.75.87) 【財帛宮】　辛卯	命主武曲 身主天機 金四局		武天擎天寡 曲月羊喜宿 廟　廟廟 94-103 (10.22.34.46.58.70.82) 【田宅宮】　戊戌
紫天火左天天天旬孤三 微府星輔魁使巫空辰臺 旺廟廟 54-63 (14.26.38.50.62.74.86) 【疾厄宮】　庚寅	天翡喪 機廉門 陷 64-73 (13.25.37.49.61.73.85) 【遷移宮】　辛丑	破右天八天咸 軍弼傷坐空池 廟 74-83 (12.24.36.48.60.72.84) 【僕役宮】　庚子	太天臺鳳 陽姚輔閣 陷 權 84-93 (11.23.35.46.59.71.83) 【官祿宮】　己亥

紫微命盤內容包含十二宮位、108顆星及其他資訊，由它們構成紫微論命的資訊主體，當然每個人因為時辰不一樣，所以宮位和星曜的位置不一樣，因而顯現出每個人不同的命運。現在只粗略介紹基本概念，詳細內容會在各章分別說明。

壹、十二個宮位

命盤一共有十二格，也就是十二宮，樣本命盤中每宮的右下角有個以天干地支標誌的符號，如左上角的夫妻宮是「癸巳」，右邊的兄弟宮是「甲午」。

一、十二地支

巳(6)	午(7)	未(8)	申(9)
辰(5)			酉(10)
卯(4)			戌(11)
寅(3)	丑(2)	子(1)	亥(12)

十二地支是「子、丑、寅、卯、辰、巳、午、未、申、酉、亥」，它們在命盤上的位置從（1）到（12）是固定不變的，代表十二宮的位置，譬如樣本中的夫妻宮「巨門在巳宮與文

昌同座」，我們很快便可知道星曜的所在；或者說「夫妻宮在巳」，如此便可知道十二祿命宮的位置。

二、十天干

「甲、乙、丙、丁、戊、己、庚、辛、壬、癸」，稱為十天干，十天干不是固定的，可以依「五虎遁年」法求得，不過現在用電腦排盤即可。天干最主要的用處是求「四化」。

三、祿命宮位

十二祿命宮位依「逆時針」順序是：命宮、兄弟宮、夫妻宮、子女宮、財帛宮、疾厄宮、遷移宮、僕役宮、官祿宮、田宅宮、福德宮、父母宮。十二個祿命宮位分別可以看出它們所指涉的事件。

四、大限宮位

每個宮位都代表十年大限運，如範例中：巳宮為 24-33 歲的大限十年運，午宮為 14 至 23 歲的大限十年運，依此類推。

四、小限宮位

　　每個宮位也都代表一年小限運，如範例中：巳宮為 5.17.29.41.53.65.77.89 歲……（12 年一輪）那年走到的宮位，所以代表那年的運勢，依此類推。

五、流年宮位

　　子鼠、丑牛、寅虎、卯兔、辰龍、巳蛇、午馬、未羊、申猴、酉雞、戌狗、亥豬，譬如今年鼠年，大家的流年都在子宮，依此類推（小限的宮位則大家不一樣）。

貳、星曜

一、主星、輔星、小星

　　宮位裡有很多星曜，分主星、輔星、小星，譬如樣本中巳宮中的巨門是主星，文昌是輔星，其餘是小星。

二、亮度

　　主星和輔星會標示出星曜的亮度，亮則吉，陷者凶，如樣本中的巳宮，巨門「旺」、文昌「廟」，就是表示星曜的

亮度。

三、四化

四化就是化祿、化科、化權、化忌，有的主星或輔星會四化，有的不會，如樣本中的巳宮，巨門「祿」就是化祿，文昌「忌」就是化忌。

參、命盤流動性

命盤看起來好像是固定，但事實上，卻是無時無刻不在流動，因而構成一個人一生的不斷流轉與變遷。

一、命不動運動

命宮雖然不變，但大限會移動、小限也會移動。所以雖然十二年宮位一個循環、十年四化一個輪迴，但不能以十二年前或十前之事件為類比參考，因為大限已經移位了，而且十二年前的四化不一樣，十年前的宮位不一樣。所以批算每年運勢，皆需重新考量命宮、大限、小限的交躔清況。

另外宮位也不是死的，也是流動的，譬如三方四正的宮位相互流動，前宮、本宮、後宮的流動，所以務必以開放、

流動的態度看待斗數，否則難免陷於無法舒展的淖穴。

二、流運命宮

　　大、小限、流年稱為「流運」，我們可以將大限當成這十年的命宮，其餘依「相反」次序轉變位置，如此可橫剖面觀察這十年的運勢。小限、流年亦然，我們可以將今年當成這一年的命宮，其餘依「相反」次序轉變位置，如此可橫剖面觀察這一年的運勢。譬如，看感情婚姻，除了本命的夫妻宮外，大、小限、流年夫妻宮也有很重大的影響力。

肆、三方四正

　　除了我自己的宮位（A）外，對面宮位（B）和左邊第四個宮位（C）、右邊第四個宮位（D）對我也會有影響，A、B、C、D 四個宮位統稱「三方四正」。

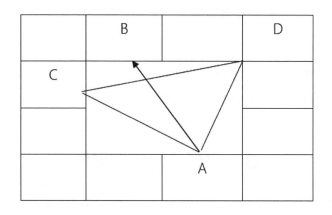

伍、三盤

　　算命要「命、身、運」同參，所以有所謂的「三盤」，
但一般只以天盤（命盤）再加上現實因素的調整批算即可。

一、天盤（命盤）：一般的命宮盤，以命宮納音起紫微的命
　　盤，即最常用的命盤。

二、地盤（身盤）：以身宮納音起紫微的盤，輔助命盤使用。

三、人盤（運盤）：即以大小限、流年當命宮所起的盤。

第四章 十二宮

星命學最大的改變便是發展出命宮，命宮的由來理論詳見「造命原理研究命」一章，本章先介紹十二宮。

壹、何謂「十二」宮位

中國分天垣為十二等份（十二宮），乃因木星每十二年繞地球一次，是所有星中誤差最小的，所以就依木星的軌跡將天份成十二等份，所以便有十二宮、十二個月、十二時辰、十二生肖。

貳、祿命十二宮由來

祿命十二宮由來，便是以天上十二宮對照人間十二大事件，原本祿命十二宮所指事件、排列順序、年限長度都不一定，但至斗數的十二宮排列順序與所指事件，已臻為合理。前六宮是個人人倫生成的順序，後六宮則是與人倫相對的六個外部環境事件。

福德宮	➞	財帛宮
父母宮	➞	疾厄宮
命　宮	➞	遷移宮
兄弟宮	➞	朋友宮
夫妻宮	➞	事業宮
子女宮	➞	田宅宮

一、生命人倫形成順序

　　人有福報業障的「福德」，透過「父母」將「我」們生下，再與「兄弟」姊妹組成家庭，接著「夫妻」成婚，生育「子女」，人倫大成。

二、內、外相對

　　內在積福德，外在積財富（財帛宮，意同佛家的寶勝如來、多寶如來）。

　　父母給我生命，生命寄存於身體（疾厄宮）。

　　我相對於外面的環境（遷移宮）。

　　兄弟在內，朋友在外（朋友宮，用來解釋家族親戚亦頗為靈驗）。

在內經營夫妻家庭，在外經營事業（事業宮）。

在內子女為我永業，在外田宅為我永業（田宅宮）。

參、十二宮作用

福德宮：輪迴的種子，福報業障、精神狀態、思想意識、神靈體質、壽命。

父母宮：父母關係，刑剋、代溝、重父母、過房。

命　宮：本命格局、高低、屬性，個性相貌，與其他十一宮皆有關係皆應同參。

遷移宮：外出運勢、交通、離鄉。

兄弟宮：兄弟關係，刑剋、助益、多寡、男女、過房。

夫妻宮：交往類型、婚姻型態、早晚婚、擇偶年齡建議。

子女宮：子女關係，生產、刑剋、多寡、男女。

財帛宮：財富來源、攻或守、數量、正偏財運。

疾厄宮：身體疾病、傷害、異痣、外來犯陰或靈病。

朋友宮：親戚狀況、交友狀況、用人、公共關係、人際關係。

事業宮：地位高低、權力多寡、創業或就業。

田宅宮：不動產來源、置產、環境、搬家、陽宅。

因人的命運形成有因果、自然法則、天命等多種因素，所以福德宮（因果）不必然與命宮相應，但可從中的差異看出自己的功課。

肆、十二宮其他作用

除了顧名思義的宮位意義外，十二宮也因其位置的關係，而分別代表不同的含意：

福德宮：祖父宮。

父母宮：祖先宮、長輩，與政府、學校、正式文書之關係。

命　宮：當命宮無主星、座貪狼、廉貞、空星太多時需再參照身宮判斷最大隱藏個性。

遷移宮：對環境適應能力。

兄弟宮：夫妻感情、岳父關係、母親身體、合夥。

夫妻宮：兄弟與子女的關係。

子女宮：部屬、性生活、岳母。

財帛宮：穿著風格、契約文書、孫子。

疾厄宮：主管、職業場所、曾孫。

朋友宮：合夥、統御能力。

事業宮：少年的讀書運。

田宅宮：部屬、子宮、家運、因果靈病、曾祖父。

伍、祿命宮位與流運宮位

十二宮扮演命宮、兄弟宮……（稱「祿命宮位」），同時又扮演大、小限、流年宮位（稱「流運宮位」），譬如：第三個大限是夫妻宮，第四個大限是子女宮，此時如何分辨該宮是我的第三個大限，還是夫妻？

看祿命宮位與流運宮位的星曜不一樣，看流運宮位應該參照流年星曜（有些學派大限流年只看流年星，原因在此），看祿命宮位則不用，詳見「大限」一章。

陸、外宮

所謂「外宮」運用的就是「相對於外」的原理。如：本章貳提到的在內積福德，在外積財富；在內為兄弟，在外為朋友……等，「內外相對、對宮而生」的宮位道理。外宮指的就是對宮。

譬如：長官為我的外面父母，所以疾厄宮（父母宮外宮）就可以當成長官宮位。契父母亦然。

部屬是外面的子女，所以在田宅宮。

庶出、婚外之子不管如何都是血親，所以仍為子女宮，認養外子因為已經歸宗，亦為子女宮。但如為配偶與他人所生，則在子女宮外宮（田宅宮）。如為契子女亦在田宅宮。

如有外遇，則情人的宮位在夫妻宮外宮的官祿宮。他的子女則在官祿宮的子女宮。

結拜兄弟為外面兄弟，故在朋友宮。

職場與座車是外面的田宅，所以在子女宮。

官祿宮的外宮可以看轉投資。

財帛宮外宮福德可看一個人是否喜歡裝門面。

但要強調的是，這裡指的是宮位的位置，還是要和合才能進一步推斷。

柒、橋宮

一、橋宮理論

所謂「橋宮」便是相夾兩宮中間那個宮（如命宮在父母宮與兄弟宮之間），所以橋宮像橋一樣搭起了兩宮的交流，

同時，橋宮也是兩宮的阻隔者，也因此有了特別意義與徵候。

橋宮的理論依據是，前宮、本宮、後宮之間力量的連貫性，所以橋宮便不需要參照三方四正，而純以自己的宮位為論。本宮若通暢，前後宮的連結自然有助，否則便有害。

有了橋宮，對原本十二宮所指的事件，可以做更加深入的聯繫與補充。但使用橋宮時，應該同時用和合法同參，更能增機準確性。

二、橋宮功用

以命宮為例，我可以是父母與兄弟的橋樑，也可以是父母與兄弟的阻撓者，所以從命宮可以看出兄弟與父母之間相處的關係。

兄弟宮可以看出我與配偶相處的關係，雖然夫妻宮能看出配偶間的刑剋，但配偶間生離死別並不表示在一起時感情不好，沒有分離也不表示在一起時快樂，故夫妻感情可以兄弟宮參考之。

夫妻宮可以看出我兄弟與我子女相處的關係。

子女宮可以看出配偶對我財務的影響。

財帛宮可以看出子女對我身體的影響，譬如，有些人有了小孩後身體變差，有人反而變好。

　　疾厄宮可以看出外出求財的情況。雖然有些格局主人可以外出求財，但求財過程是否順利愉快，可以參照疾厄宮。

遷移宮：朋友對我身體的影響。

朋友宮：外出做事業是否愉快。

事業宮：朋友對我添置家產的幫助或危害。

田宅宮：事業對我福報的影響。所謂一世官九世貧，事業對人福報的影響最重，故應多關照別人。

福德宮：父母對我置產的影響。

父母宮：福報業障轉化為今世命運，是做怎樣的轉換。

第五章　星曜概念

　　星命神煞學很難像五行干支一樣可做全面的基本原理考證，尤其是神煞（星曜）部分，如前所言，神煞是前人的徵驗結果，所以大部分是經驗論（子平八字則大部分是邏輯論，見「命學可信度分析」一章），故對星命神煞學或斗數而言，現代學者能做的是，繼續去徵驗、修正它的正確性，使它更符合現代的應用。

壹、星曜分類

一、十四主星

1. 紫微星系：

紫微排第一，「逆時針」排列是天機、太陽、武曲、天同、廉貞。

	廉		
			同
			武
紫	機		陽

2. 天府星系：

以天府為首，「順時針」排列是：太陰、貪狼、巨門、天相、天梁、七殺、破軍。

巨	相	梁	殺
貪			
陰			
府		破	

因為紫微是北極星，北斗之首；天府是南極星，南斗之首，所以一般人有個錯誤的觀念，以為紫微斗數裡的紫微星系就是北斗星系，天府星系就是南斗星系，非也。在紫微斗數裡，星曜已經打破南、北、中斗的建制，重新編列於紫微星系與天府星系裡，這要特別注意，所以我們不能稱紫微星系是北斗星系，也不能稱天府星系是南斗星系，詳見「紫微星系架構研究」一章。

雖然紫微、天府星系有共十四顆，但事實上，它們呈現在命盤裡只有十二種狀況，亦即，紫微在子、紫微在丑……紫微在亥，如圖。另外，命盤星系是折射的，譬如，紫微在子的星系命盤，與紫微在午的星系命盤，只是全部反過來在對宮而已，所以十二種狀況又能簡化為六種。

陰	貪	巨同	相武
廉府			陽梁
			殺
破		紫	機

紫在子

廉貪	巨	相	梁同
陰			殺武
府			陽
	紫破	機	

紫在丑

巨	廉相	梁	殺
貪			同
陰			武
紫府	機	破	陽

紫在寅

相	梁	廉殺	
巨			
紫貪			同
陰機	府	陽	武破

紫在卯

梁	殺		廉
紫相			
機巨			破
貪	陽陰	武府	同

紫在辰

紫殺			
機梁			廉破
相			
巨陽	武貪	陰同	府

紫在巳

機	紫		破
殺			
陽梁			廉府
武相	巨同	貪	陰

紫在午

	機	紫破	
陽			府
武殺			陰
梁同	相	巨	廉貪

紫在未

陽	破	機	紫府
武			陰
同			貪
殺	梁	廉相	巨

紫在申

武破	陽	府	陰機
同			紫貪
			巨
	廉殺	梁	相

紫在酉

同	武府	陽陰	貪
破			機巨
			紫相
廉		殺	梁

紫在戌

府	陰同	武貪	巨陽
			相
廉破			機梁
			紫殺

紫在亥

二、甲級輔星

1. 七吉：文昌、文曲；左輔、右弼；天魁、天越；祿存。
   詳見「七吉」一章。

2. 六煞：擎羊、陀羅；火星、鈴星；地空、地劫。詳見「六
   煞」一章。

3. 四化：化祿、化權、化科、化忌。詳見「四化」一章。

三、乙丙級星

見「小星」一章。

貳、星曜強度

　　每顆星的強度都有旺弱之分，這當然是延續星命學的重要原理和技術，一般強度可分成：廟、旺；閒、平；地、陷六級，有的版本分得更細，有：廟、旺、利；得、閒、平；地、落、陷九級。簡言之，就是廟旺、閒平、地陷三級。

　　星曜強度一定要觀察，而且十分重要，紫微斗數的命盤星系是折射的，十二式簡化為六式，這時的差別，就是星曜在各宮強弱的不同，也是藉由此星曜強度不同而分別命運的好壞。譬如本例中，紫微在子是平，在午卻是旺，如圖。

機	紫（旺）		破
梁陽			廉府
相武	巨同	貪	陰

紫微命盤的星曜是折射的，但星曜在對宮的強度不一定一樣，藉此分辨吉凶。

陰	貪	巨同	相武
廉府			梁陽
破		紫（平）	機

星曜的性質都有兩面，文星有科名的一面，也有斯文掃地的一面；武星有破壞的一面，也有開創立功的一面。星度旺者能表現好的一面，弱者會表現不好的一面，所以星曜強度必須絕對重視。

參、星曜性質非固定

　　一般人刻板印象將星分為兩種：文星是「吉星」、武星是「煞星」，這是絕對錯誤的，所謂「小偷狀元才」，文星化厄也是衣冠敗類、鉤心鬥角；又謂「力拔山兮氣蓋世」，武星化吉也是頭角崢嶸、以武立功！所以不可陷入二分法的泥淖。星曜性質並非一成不變，下列八種情況，都會改變星曜原來的解釋，應特別注意。

一、三方會照

　　星曜原本就不只一個個性，就好像人有很多人格。所以周圍的人或環境如何，會決定它要表現個性的哪一面。所以，三方對照、輔星化吉或化凶都會改變它的性質。

　　譬如太陰、天同如不逢桃花星曜，則清白可人，若逢桃花星曜，原本潛藏的桃花性質就會散發出來；又如天同雖是

福星不畏煞，但三方四正煞星太重，又怎會不深感艱辛，乃至拖磨痛苦？

斗數提出的徵驗只是一種單純情況下的基本法則，但星曜往往交躔雜度，所以應注意三方、星系組合的變化，求得融會貫通，不能按圖索驥、照本宣科，否則必多謬誤，此乃斗數易學難精之奧妙與樂趣。

二、星性雙重解釋

對於事物原本就要依正、反雙方，利、弊兩端來解釋，而不是單邊的。所以星曜絕對無所謂孰好、孰壞，端視它展現哪一種性質。

我們常說文星是吉星，武星是煞星，乃因古代人在封建威權制度下保守平安、動輒得咎，且又安土重遷，而武征難免帶傷，故乃此言。

文星有時沒有開創性，只能在現有環境下晉升求祿；而武星反主自己去開創，故多成多敗在所難免（「煞星」很多時候主爆發、偏財，但能否守成，則需視後勢而定）。

三、文星性質轉換

一般言，文曜沖破多教人轉為技藝，這裡的技藝亦多文性，如：代書、經紀、企劃、電腦……等。行行出狀元，只是徵驗不同，無謂高低。譬如有代書事務所、企劃廣告公司、電腦公司……，都足以成就個人大業。

職業其實是很多因緣的選擇與結果，不一定非做這些不可，古籍對職業與個人生涯發展的徵驗法則在今日社會只變成一種建議，而非必需。亦有太陰座命而做修車師傅的，但其人心思細膩、舉止斯文之性質仍在。

四、武星性質轉換

武曜沖破亦教人轉為技藝，這裡的技藝就較武性，如：業務開發、機器黑手、實業界中的技術師傅、持刀之業（理髮師、雕刻師、裁縫師、肉類食品……），同樣，行行出狀元，只是徵驗不同，無謂高低，譬如理髮師、肉類飲食有作成全國連鎖企業的；雕刻師、裁縫師有成為一代巨匠、藝術家的。

- 古代封建體制正式出路大多只有文秀才、武秀才，至高則出將入相，封侯晉爵，其餘工商百業則排在士農之

末，所以煞忌過多沖破，則為破格或破局。但今日社會不管文曜或武曜沖破，都不能解釋為破格或破局，只是性質轉換為其他百業，若格局佳，雖然辛苦，還是有其可為！

五、文武各有所長

事實上，很多在文藝或學術上能立一家言，或自成一派者，亦不乏武星座命者，因為其有堅忍、突破的勇氣與構思，其風格亦必充滿革新求變的堅強意識。而文星座命者能立一家言，大多是集大成，或將現有素材發揮得淋漓盡致、爐火純青。

而文星座命者，亦有為將軍者，其風格自為一代儒將，善規劃經營，喜以文韜武略、政戰致勝。而武星座命者，則較喜歡沙場見真章。

故，不要對文、武星有太多預設偏見，認為非從事某種職業不可，在同樣的職業裡，不同的星曜會有不同的展現，這種多元的表現是職業進步所必須的，所以斗數對職業的徵候也只是建議。

六、輔星影響

一般以為主星為主，輔星為輔，這種觀念會使斗數星曜解釋陷於僵化，殊不知，輔星對主星的影響甚至可以改變主星原來的星性！

譬如星系結構如果遇到輔弼的拱持（非同座），就有化權的效果；如果與輔弼同座，則再強的星亦都有輔助別人的意味出來。

星系遇到昌曲變化更多，縱使武、七、破也會知書知禮（但仍有固執、堅持的本質），但也會因星性不同卻同座而帶來刑傷。

並非所有的星都喜逢六吉，也並非所有的星都忌逢煞星，應詳加判斷才能做出正確的徵驗（詳見「七吉」、「六煞」兩章）。

七、空星影響

空星的應驗對主星與星系也相當重要，星曜性質會做本質的轉換。譬如紫微、七殺原是帝星、將星，但如逢空星過重，反有僧侶格局；又如天府雖是財庫，但逢空星太重變空庫，反有想要填滿庫藏而工於心計卻路人皆知惹人爭議的窘

況，武曲財星情況也一樣……（詳見「空星研究」一章）。

八、四化影響

四化對星曜性質轉變也有相當影響，譬如：武曲原本是個擇善固執的星，但化科（錢財露白），則就喜歡擺場面、炫耀風華；化祿（財星化財）則又財氣太重，難免錢財擺第一；化權（將星化權）又更固執；武曲雖也是將星，但也是孤星，所以化忌（孤星化忌）時一點抵抗力都沒有，甚至還有惡化的徵候（見「四化研究」一章）。

肆、星的本質與發展

一般而言，星的性質並不單純。譬如，武曲是財星、將星、孤寡星；又如天梁是善星、宗教星、壽星，又是孤星……。

在此建議習者可分成兩部分來解讀，一是解讀「人倫緣份」，二是解讀「事業發展」。

譬如武曲是財星、將星、孤星，則在解釋與父母、兄弟、子女、夫妻、朋友的緣份時是針對「孤」的這部分，但在解

釋田宅、財帛、事業時，是針對「財」與「將」這部分。如果能夠明辨這兩部分差別（人倫緣份、事業發展），做解釋時就能掌握清晰。所以武曲與六親都顯得緣份單薄，但在事業上的發展卻不錯。本書十四主星與二十四星系各章節，也都是利用這個原理來解讀。

第六章　十四主星

壹、十四主星概論

斗數有十四顆主星，為何「十四」顆？應該是日月兩星，加天上十二宮各宮一顆宮主星，所以合計有十四顆主星（見「第三章十二宮研究　參、十二宮主與別稱」）。先初步瞭解各星的基本性質（標準型，旺陷另論）後，就容易進入各個星的複雜變化。

一、十四主星性質認識

紫微：北斗帝星、權貴星（不主大富）。

天機：智多星、變動星、宗教星、孤星。

太陽：中天帝星、博愛星、事業星、男親星（不主大富）。

武曲：武財星、將星、孤星。

天同：福星、享樂星。

廉貞：囚星、次桃花星、孤星。

天府：南斗帝星、庫星、文財星。

太陰：溫柔星、富星、女親星。

貪狼：桃花星、解厄星、孤星。

巨門：暗星、口舌星。

天相：宰相星、玉璽星。

天梁：壽星、宗教星、蔭星、孤刑星。

七殺：將星、權星、孤刑星。

破軍：耗星、孤刑星。

二、星的刑與剋

所謂「刑」是帶血光、生病殘傷；「剋」是不和合，生離死別。

每個星的刑或剋程度不一，有的刑重，有的剋重，同時還要參照其他星曜一同解釋，如會擎羊、天刑、伏兵，刑之意義大於孤；會孤寡、空星則孤重。各星刑剋程度如下。

紫微：逢空星有孤，化為僧侶。

天機：孤，化忌有刑。

太陽：逢空星有孤，化為僧侶。

武曲：孤，逢煞忌有刑。

天同：和。

廉貞：逢煞有刑。

天府：和。

太陰：和。

貪狼：孤。

巨門：孤，逢煞有刑。

天相：和。

天梁：孤、剋。

七殺：孤、剋。

破軍：孤、剋，逢空星化為僧侶。

輔弼：和。

昌曲：逢煞有剋。

魁越：和。

四煞：孤、剋。

空星：孤。

　　我們絕不能說「某某人剋誰」，這是相當錯誤的說法，我們只是在他的命盤裡看出某人的徵候，或他與某人的關係，人之福禍乃自我因果所定，又怎能怪別人？或是誰剋他造成的？切記！

　　本書以「化厄」來統稱星曜自我、三方四正落陷忌煞之凶性。以「化吉」來統稱星曜自我、三方四正廟旺會吉之吉

性。另外，所謂「桃花星」為：貪狼、廉貞、天姚、紅鸞、咸池、沐浴、天喜。「空星」有五顆，以地空、地劫、天空三星為主。「祿馬」為天馬＋祿存或化祿。「大小配」指男小女大或男大六、七歲甚至更多。「早婚」古代指第三個大限前三年之前，「晚婚」古代指第三個大限後三年之後，現代人普遍晚婚，二〇二〇年臺灣男性平均初婚年齡為 32 歲，女性為 30 歲，可供參考。

貳、紫微星系

一、紫微

主貴，主權。

帝星，為人主觀。

化殺為權（煞星過重反並牽制，心神不寧）。

沖破精神、心臟有問題。

逢空星有遁世思想或轉好史哲，再加華蓋有宗教天份，逢科為箇中翹楚。

喜百官朝垣（左右、科祿權、吉曜），＋空星虛名受蔭。

＋桃花星易有色慾。

本身已為權星，故喜化科，在逢權，應防獨斷。

　　紫微座命若不逢空星，一般企圖心很強，所以會有急於想要成就的表現。化厄則會多用技巧，不得謀則詭計多端，令人敢怒不敢言。

　　紫微座命之人，慎防對朋友多所指使，以免人際關係生變。

• 　紫微之人應防自我意識過強、獨行，應善納諫言。

　　（紫微為貴星，入人倫宮，太過貴重有時反而難照顧或遲得。）

　　入福德：眼高手低想多做少，不能屈就。

　　入父母：父母可能為長子。

　　　　　　　父母為人較勢利。

　　　　　　　逢桃花星、昌、左右，易有雙重父母。

　　　　　　　＋火星，早年離開父母。

　　　　　　　化厄不得父母緣；文科重反得寵逆。

　　入兄弟：為長子或獨子，否則宜認契兄。

　　入夫妻：妻子看顧較嚴，最好為職業婦女。

　　　　　　　不宜早婚。

　　　　　　　＋天壽宜長配，＋擎羊亦同。

妻為長女剛剋減輕。

入子女：頭胎生男，但遲得。

如化厄久婚不孕，宜先祀子。

入事業：喜歡獨當一面，不耐約束，有開創格局。

入財帛：主豐足，不主大富。

入田宅：居高處有助運勢。

入遷移：外出有貴人提拔。

紫座遷，命必座貪，應防喜應酬做老大或火山
孝子。

入朋友：交往近貴，但被其多所指使。

一般朋友反客為主，助人反被怨報。

（朋友宮不喜太強，各星皆然。）

二、天機

主智、主動、主孤、主玄。

因主孤、主動，對四煞抵抗力較弱，小偷狀元才，容易
機巧取得。

天機主動、孤，所以個性不穩定。

逢桃花對男女感情不一。

見異思遷，感情脆弱，顯得想多做少，故應培養厚重感。

天機浮動，工作不耐久，故應培養第二專長或兼差。

化忌主情緒過敏、精神疾病。

化忌座命可給神做兒子。

天機兄弟星，座命宮時兄弟佔宮位，常爭執。

＋火，腦神經血管出問題。

＋昌曲機靈過人，可朝專業發展（發明、專利、創意、設計……）

但心神不易集中，念書有妨礙，故易博而不精。

若夾紫府則轉有威權，好謀略。

感情不定，＋忌，常有感情糾紛；＋桃花星，用情不專。

＋祿馬，外出得利。

喜逢三臺八座，外出減少波動糾紛或災害。

天機＋文昌＋封皓，第六感敏銳。化吉有天賦神通，化厄有精神疾病、幻覺。

天機＋陰煞、天巫，對鬼神之氣反應敏感，應有所防護，莫入陰廟，夜間亦以勿入廟宇為佳。

拜神以正神為宜。

機械、電腦、運輸業、航運、外務可減少波動性。

流通業、情報、仲介可。

- 天機之人應防聰明心不定，反而一事無成。

（天機主浮動，所以孤重，入人倫宮，往往緣薄。）

入福德：意志不堅，化忌逢煞更嚴重，乃至影響身心。
　　　　＋華蓋、空星：第六感異常敏銳，可習神通，
　　　　煞重小心幻覺。

入父母：＋桃花星＋馬易入贅，或供養岳家。
　　　　化厄會過房，或宜重拜父母。

入兄弟：兄弟稀少，煞重流產、感情不睦。

入夫妻：＋桃花星，慎防變心。
　　　　逢天梁宜長配，否則宜小配。

入子女：子女稀少，或得子晚。
　　　　＋羊、天刑，慎防流產（人工流產亦同）。

入事業：多變化、可兼職（但防滾石不生苔）。
　　　　化厄投機傾家。

入財帛：財來財去，應重長期固定理財。

＋祿馬可成鉅富。

入田宅：常搬家，＋煞與鄰居不和。

居家、辦公室對風水較敏感，應多注意。

家中應自設佛堂、擺設佛像、佛經。

入遷移：外出佳，＋祿馬尤佳。

天機亦主車、舟、機器，故外出防意外。

化忌易有舟車之災或外出多心憂至極。

入朋友：交遊廣闊，煞重友多心機、反目。

三、太陽

中天帝星，主貴。

太陽座命絕對要參照旺陷、日夜生（日生有利，夜生不利）。

春夏月生人亦勝於秋冬月生人。

以其旺陷吉煞再配合六親宮，可判斷親人關係（太陰同）。

太陽主父、夫、子（尤指長子）。

太陰主母、妻、女（尤指小女）。

旺則博愛心胸，甚至犧牲自己；落陷再逢煞忌，無故惹

人討厭。

太陽因喜歡指正別人，別人不耐煩，所以亦喜歡指責他。（天梁亦同。但太陽性子急，甚至動手做，天梁則是碎碎唸。）

以太陽旺陷、煞吉，再參父母、兄弟、夫妻、子女，可判斷其吉凶。

不畏煞，但辛勞奔波、無事奔忙異加。

太陽對吉凶反應迅速且抵抗力較強，太陰較慢，抵抗力較差。

太陽之人，求權、位勝於求財。

逢天刑有武貴，掌生殺大權。

喜歡與大眾接觸、服務、實用之學問。

煞重＋空星，有遁入空門或單身服務社會傾向。

不喜化忌，光明盡失。

＋火，雞婆過度。

落陷＋陰煞、天虛，反而猥瑣。

化厄心目有傷。

女命座太陽無傷，但對太陽之化厄比男生沒有抵抗力。化厄非禮成婚，勿近匪類。

*　　命座太陽、巨門、天梁、祿存者，易被人無事責罵，應

防背黑鍋、幫人跑腿做雜務又被抱怨。

- 太陽座命旺者應防熱心過度，化厄應防虎頭蛇尾，少人
緣。故應特重人際關係。

（太陽星入人倫宮需視旺陷才能決其吉凶，但應主動
移，故雖有愛意卻緣份淺。）

入福德：喜無事奔忙。

入父母：化忌父親無責任感或有刑剋。

　　　　　＋桃花星，另結新歡。

入兄弟：化厄太重兄弟會折損。

入夫妻：落陷化忌與元配難偕老，加煞非禮成婚。

　　　　　晚婚為宜。

入子女：主分離。

　　　　　化忌頭胎有損。代溝重。

入事業：太陽為事業宮主，化吉則事業偉大，陷者虛浮
不實。

入財帛：太陽不主財，其財為動產，財運還好，但不善
理財。

　　　　　逢煞破財嚴重。

逢祿馬始主大富。

逢昌曲化忌，為人作保出問題。

入田宅：可置產，常變換。

晚上客廳及房間應點燈，增加運勢（化忌、落陷尤然）。

太陽座田宅宮之人，居家一定要光線良好，座西朝東或座北朝南，能吸收太陽旺氣者佳。否則應多點燈。

入遷移：不利祖業，外出求貴。

女命忌煞重，恐嫁二夫。

入朋友：朋友恩將仇報，做多人怨。

四、武曲

武財星、將星好熱鬧，能吃苦。

主剛，亦為寡宿星，六親緣薄，女性親屬容易孤獨。

有些固執，頭腦有時轉不過來，不夠圓滑，但能堅守崗位。

最怕化忌（逢之亦然），廉貞化忌來沖萬事皆厄。

財星怕逢空星，空有其表。

因為陽剛不利女命，六親易有刑剋。（女命太陽雖亦主剛，但視旺陷與是否化忌才能定刑剋。）

不喜化科，財不露白，露白災來。

不喜四煞，化忌＋羊陀：少年重病或壽短。

＋火鈴：被劫。

同座化祿財氣太重，反而多利己（又羊陀相夾）。

從事較熱鬧、人多的事業，以賺錢為要，權名自然隨之而來。

＋文昌（曲）有刑傷（破軍＋昌曲亦同，帶病延生）。

再成昌鈴陀武大厄格，大血光或大破敗。

＋桃花星：發達後因色破敗。

武曲剛性太重，逢七殺、破軍再化厄易成凶格。

・ 武曲座命之人應多養性，多練圓滑。

（武曲因為剛性太重，所以入人倫宮一般都有刑剋，煞重則喜逢天壽——長輩、長生——幼輩，減少程度。）

入福德：喜歡賺錢、愛熱鬧，有點固執。

入父母：化忌座祿存，二姓延生，否則先剋父再剋母。
　　　　　對母親不利。

入兄弟：不睦。

入夫妻：武曲座夫妻宮最好自由戀愛而結婚。

　　　　＋天姚，自由戀愛成婚。

　　　　＋祿馬，因妻得財。

　　　　＋火，生離死別。

　　　　宜晚婚，但以同齡為合。

入子女：＋羊刑，手術生產或帶病出生。

入事業：不能做文職，以武職為宜（至少文職武做）。

　　　　化吉事業偉大，化厄小心因事破財或職業傷

　　　　害。

入財帛：鬧中取財，是活財，不要死存錢。

　　　　化科太招搖。

　　　　廉忌來沖，賭博女色傾家。

入田宅：住宅在鬧區為宜，不然也門庭若市。

　　　　得祖產。武忌＋廉忌：家中有人死亡。

　　　　家中可置武財神（持春秋關公、五路財神）增

　　　　加運勢。

　　　　或以一金屬罐內裝銅板置於財位。

入遷移：靜不下來，活動力強。

　　化忌羊陀死客鄉，廉忌交通意外。

入朋友：朋友能共享樂，不能共患難。

五、天同

　　福星，先難後祥，成年後不畏煞（幼童時煞重難免有病或不順）。

　　在原先格局下有新的契動（多有人助或代為安排）。

　　情緒化，所以多有不足為人道之衷情。

　　亦喜神仙術數，逢龍池、鳳閣有藝術名家風範。

　　福星所以有點懶於做家事，喜被激發，尤愛四化全會。

　　（化忌或逢煞反能激發鬥志，但仍不喜歡做家事。）

　　聰明但無心機，孩子氣。

　　意識力不強，愛浪漫，＋桃花星，易被甜言蜜語所惑，藕斷絲連。

　　不喜歡呆板的生活，喜歡浪漫、外出遊玩。

　　再座左右，依賴心過強，會選擇最不辛苦的生活方式，運勢若差難免為人夥計或偏房同居。

・　天同座命者小心被人獻殷勤而受騙。

　　（天同感情星，不若廉貞化囚，所以沒有嫉妒害心，亦

不若太陰有多愁善感，所以入人倫宮無害，且感情好。）

入福德：格調高雅，浪漫派，想多做少。

入父母：感情和睦。

入兄弟：和好，但幫助不大。

入夫妻：宜大小配。

入子女：感情好，第一胎為女較佳，否則宜先認契女。

入事業：白手起家或由小發大，但都需要別人資助。
　　　　不要動用祖產為宜。
　　　　可做享受性事業、觀光業。

入財帛：中年而後發。

入田宅：喜將居家佈置舒適美麗。
　　　　天同屬水且能積福，所以家中可用魚缸養魚，
　　　　增加運勢（或水流裝飾家具），但養死了觸霉
　　　　頭。
　　　　附近有河道、井塘。

入遷移：出外有貴人。

入朋友：對朋友好，但不忍拒絕別人，自己吃虧，逢祿

更嚴重。

六、廉貞

廉貞座命，身宮同參。

含苞桃花，視會逢星曜決定吉凶與桃花程度。

愛恨分明，反應強烈，勇於挑戰傳統。

廉貞桃花往往與工作、環境接觸有關（貪狼則視美心動，怦然追求）。如被人欺騙多有報復之心。

化囚，故猜忌心強，為了突破，毅力驚人，旁人多少有壓力。

上半生易懷才不遇，但能吃苦耐勞，發達後應慎防耽於物質、感情享受，並且變得無情。

囚星常有突破的意念，所以喜出鋒頭、喜歡領導別人、標新立異。

遇七殺相制化用（廉七格）、遇天相長袖善舞、遇天府風雅。

不喜見昌曲，桃花太重，因色破敗或生育系統有問題。＋祿尤然。

再逢文曲化忌，金錢、感情容易受騙。

因為司品序，最懼化忌，再逢青龍、白虎主官非。

廉貞囚星，化忌再遇官符（府），官司不免。

可從事設計、公關，與異性接觸行業（小心發生不當感情）。

可從事新穎、突破、創意，乃至標新立異之公共事業。

可從事服飾裝潢、藝品、化妝品、導遊、大眾服務。

化祿則多角經營。

邏輯與美工獨強。

廉貞遇厄狀況每多惡化，化忌難解。

- 廉貞星志高氣昂，而且毅力驚人，但化為囚，早年難免不順，因而多所猜忌，宜多忍耐，否則難免爭議、官司。

（廉貞化囚，入人倫宮感情不睦，又司品序，故多爭執。）

入福德：喜忙碌交際，但多愁善感。

入父母：煞重與父母親心結重。

　　　　　＋桃花星，為偏房所生或父易有外遇。

入兄弟：感情不睦。

入夫妻：戀愛結婚居多。

　　　　　所有廉貞星系不喜入夫妻，亦情緒化爭執，引

　　　　發不良結局。

　　　　宜大小配。

入子女：子女稀少，只有一子。

　　　　＋火星，子女反以怨報。

入事業：選錯事業不會發達（凶星）。

　　　　選對事業雖早期不順但有作為（亦為事業宮
　　　　主）。

入財帛：競爭中求財。

入田宅：不利田宅，亦有糾紛。

　　　　化忌房子漏水。

　　　　周圍環境不良。

入遷移：廉貞亦為驛馬星，有出國運。

　　　　在外多人緣，但防感情用事。

入朋友：喜歡甜言，故易交損友。

參、天府星系

一、天府

南帝星，善於守成（紫微善開創）。

外和內剛，財經能力尤強。

喜飾門面，應防外實內虛。

喜歡指使別人，自己不愛動手做。

入格身體豐腴，但若過胖、過瘦、豐腴但常拉肚子、便祕，則為沖破。

不畏煞，但煞重反工於計謀巧奪。

但畏空星，因為是庫星，所以最忌逢空星成為空庫，為官則無權。

＋天姚，工於心計。再＋天虛、桃花、大耗、曲，斯文敗類。

天府永遠與七殺相對，與天相構成朝垣，所以七殺、天相之旺陷對其影響十分重要，絕對需要同時參考。

天府主庫，故其人可以做建築、財經相關事業。唯不適合從頭打江山，適合從現有格局再去擴大，故亦主重整、併購、策略聯盟，縱、橫向面之多角經營。

天府之人亦喜拜財神，以求財星入庫。

- 天府若煞重巧心計，所以應重誠信；若為空庫則凡事莫求出頭。

（天府雖是帝星，但沒有紫微那麼孤貴，所以入人倫

宮，一般以吉論，但對宮七殺會帶來一點爭執。）

入福德：有福氣好享受，處事謹慎。

　　　　　＋陀，小氣。

入父母：逢祿＋天巫，遺產豐富。

　　　　　座祿父母喜掌權。

入兄弟：眾多。

入夫妻：宜大小配。

入子女：對宮若為廉七，小心自己有外遇。

入事業：偉大，但多從原有格局再擴大經營為佳。

入財帛：有偏財運，財運富足。

　　　　　有些小氣，喜歡將錢存起來（座祿更嚴重）。

入田宅：積富後，可居豪宅。

　　　　　居住以高樓、華廈（不一定要居高樓層，紫微
　　　　　則以居高樓層為佳）、三合院為佳。

　　　　　＋火，小心火災，不喜歡搬家換工作。

　　　　　家中可置財神。

　　　　　前門勿直通後門，否則中間需有阻隔裝飾。

　　　　　家具金屬製品勝於木製品。

附近有山崗、牌樓。

入遷移：有長輩貴人提拔，逢桃花昌曲化忌小心受騙。

入朋友：應多結交權貴，但被其多所指使。

二、太陰

太陰座命絕對需要參考旺陷，同時夜生人運強於日生人，農曆十五左右生人，運勢又最好。

上旬又強於下旬。

以其旺陷吉煞再配合六親宮，可判斷親人關係。

吉者端莊夫人受人景愛（心生心儀、愛護之心），煞重思想消沉、有心機、有桃花。

主富、有遷徙性，不喜待在家裡。逢祿馬喜外出賺大錢。

陰柔，若逢煞、桃花則感情不易控制，多方交往，且放感情。

與太陽同參，若為日月反背，應見好即收，莫趁勝追擊。

太陰座命，求名、求財勝於求權、求位。

日、月皆不喜化忌，光輝盡失，陰忌則有點神經質，或

長期精神不安寧、多慮多愁。

　　＋桃花星、火星，過房。

　　＋昌曲，聰明過人。

　　＋曲，諳術數，再加桃花，演藝人員。

　　不宜獨立創業，可從事文教、藝術、美容、服飾、公眾事業。

　　可投資園藝、牧場、花店。

· 　太陰座命需防感情過剩。

　　（太陰因為感情豐富、有遷徙性質，入人倫宮時，桃花若重，有過房、祀子、庶出之兆。且因化吉、化厄解釋迥異，不能一概而論。）

　　入福德：吉者風雅氣度，破者精神寂寥，寡歡多愁。

　　入父母：與母親較無緣。

　　入兄弟：吉者姊妹有能者，厄者與姊妹緣份不好。

　　入夫妻：喜歡書信傳情意，或互訴衷曲。
　　　　　　　昌曲同宮，折桂之榮，駙馬命。
　　　　　　　逢桃花小心外遇。

　　入子女：先花後果，或生女較多；若久婚不育，可先祀

子。

入事業：以求名、財為宜，莫以權位為量。

入財帛：吉，賺錢可轉到不動產（再視田宅宮）。

但不喜昌曲化忌，受騙。

入田宅：太陰主財，其財為不動產，故亦為田宅宮主。

佳。

可投資農場，家裡應佈置花卉（或花卉畫）增

加運勢。

晚上客廳及房間應點燈，增加運勢（化忌、落

陷尤然）。

入遷移：喜歡外出。

入朋友：應防感情用事被騙。

三、貪狼

貪狼座命應參照身官。

喜歡幫人排解困難做大哥（但不見得喜歡掌權，喜歡人

前呼後擁，呼朋引伴）

好奇心強，不喜被拘束，興趣導向，不耐煩，故多學不

精。

喜交際花酒、八面玲瓏，但帶才氣，做錯事很容易被原諒。

逢空星、天刑反正，反主崇尚風雅，喜歡以文會友（詩歌書畫及神仙術），但不愛正統枯燥學術。

＋火、鈴，主爆發，且有權貴（改變非原先預料之中），且火鈴惡質盡失。

＋羊、陀，主牢獄、意外，亦主肉類行業。

＋擎羊於午亦為馬頭帶箭（同天同），幼兒莫入廟，更不能入將軍廟。

＋桃花星，弄巧。貪狼桃花較為遊戲桃花，太陰、天同、廉貞會放感情。

喜見左右化為權。

不喜見昌曲，桃花重，因色破敗或生育系統出問題。

貪狼化忌並非反主清白（逢空星、天刑才是），仍應小心色禍。

貪狼為排難解厄星，故做錯事很容易被原諒，若化忌亦必有破軍化祿來救，所以，沒什麼災難。

晚年常誠心皈依宗教，或從事教化、服務工作。

• 貪狼做事帶有賭注性質，應多接近宗教教化（貪狼每多

頓悟，感觸至深；機梁則為漸悟）。

（貪狼喜歡在外應酬，對家人反而冷落，所以入人倫宮不以吉論，感情多是應付性的，且因殺破狼必定會照，所以亦主分離。）

入福德：喜奔波、享受、思考人生、好宗教。

入父母：離家，煞重過房。

入兄弟：分離。

　　　　＋桃花星，易有異姓兄弟（庶出或結拜）。

　　　　入夫妻：對配偶每每不滿。

　　　　見煞、化忌易有外遇。

入子女：不得力。

　　　　＋桃花星，先花後果，但女多，煞重無子可先祀子。

　　　　＋桃花星＋單星，可能有入贅之婿。

　　　　化忌子女多病。

入事業：做事很敢賭注，吉凶參半。逢煞小心貪汙。

入財帛：化吉有偏財。

　　　　賺錢喜花掉。

入田宅：中年後可置產。

　　　　　不要動用祖產，以免破敗。

　　　　　＋火星雖能置產，但小心火燭。

　　　　　附近有橋樑、派出所、大樹。

入遷移：很活躍，做事很敢。

入朋友：懂得抓住要用的人，亦喜歡氣味相同之人。

　　　　　朋友間衝突亦多。

四、巨門

　　暗星，口舌、競爭。

　　因為暗星，所以晚發。

　　內心往往藏著怨懟。化厄會表現於行為的不滿上。

　　本身暗星，再逢煞，情況往往惡化，且神經敏感，易輕生。

　　故喜逢祿、權相解，否則對任何事都容易心生放棄。

　　遇火鈴有兵火之災，＋羊陀有官非。

　　＋陀，身有異痣。

　　＋貫索、白虎、天刑等不吉星曜，往往小人叢生，流言蜚語，乃至訟事。

不喜再文曲化忌，是非更多。

與天機相對，石中隱玉，才華內蘊，可為幕僚長。

與天同對宮，此時二星對座天羅地網宮，最喜文昌化忌來會，奇格，否極泰來主富貴。

與太陽對宮，太陽旺則光明對照，陷忌則是非小人叢生。

＋祿＋桃花星，演藝事業可。

＋文星，為人師表。

化忌反而不喜歡講話，或結巴。但內心還是有情緒。

- 巨門為暗星，本身想法較施展不開，應多培養積極性格。

（巨門因為暗星，入人倫宮不以吉論，多閒氣。）

入福德：心有不安全感，決策後每多後悔，故多奔波。

入父母：多間隙怨懟，以分居為宜。

入兄弟：多糾紛，遇煞因兄弟破耗。

入夫妻：多口舌閒氣。初戀不能結合。

入子女：長子有傷，化忌更厄。

入事業：見煞防官非。

入財帛：是非競爭，多與人因財務爭執。

入田宅：有損耗，家中多是非。

巨門為暗渠，故住家的排水，尤其廁所、廚房、浴室應當保持暢通、乾爽，否則易生惱事。

稍遇煞，家中排水（滲水、漏水、積水）就出問題。

因為暗星，客廳或睡房電燈晚間應該打開。

家中附近有鐵路、天橋、小溝、隧道等通道。

家門較大、深長形較易聚運，但應特別注意通風與採光。

入遷移：防水厄是非流言。

入朋友：不和，結拜兄弟必反目。

五、天相

印星，不是乖乖牌，但也不會一個人使壞。

必被天梁、巨門相夾。夾祿則為財蔭夾印，主榮華；夾忌則為刑忌夾印，有牢獄、刑傷。

必與天府朝垣。衣食之神，故好酒食（但非花酒）、有點小氣。

對宮必逢武或破，且必與七殺相夾，故會跟著做叛逆行為，但本身沒有攻擊性。

天相因三方四正星曜都是固定的，所以變換性較少，被人誤以為沒個性，其實對宮必逢武或破，略帶叛逆，好惡反應敏銳。

獨座對宮為紫破、廉破、武破，斷天相吉凶，必須以對官同參方能求解。

天相主印，故個人聲譽往往對事業、社會發展有重大影響，故應比別人更重信譽。

左右夾宮之效力大於三方。

天相亦有輔助之意，故可為代理商、二副。

天相在公司可以做到有如宰相的位置，自行創業則為代理、經紀較佳。自行創業或自創品牌，商譽名聲可能勝於實質利益。

但如化厄，亦可能因商譽受損而破敗。

· 天相之人有同情心及叛逆感，但莫強出頭。

（天相因為有輔助的意思，入人倫宮，往往有第二者出現。）

入福德：有壽考，煞重叛逆性格。

入父母：＋桃花星、單星，有雙重父母。

入兄弟：有年紀差很多的兄弟。

入夫妻：疼老婆，但對方有點趾高氣昂。

　　　　　長配，或親上加親（透過介紹，與同學、同事、熟人結婚，或老情人復合），否則婚前與人解除婚約，或與結婚之人戀愛。

　　　　　＋桃花星、單星，與結婚之人戀愛或結婚。

入子女：如久婚不育，應先祀子。

入事業：老二哲學為宜，或代理、經紀別人商品。

入財帛：武破對宮，財來財去，應做理財。

入田宅：舊屋比新屋好。熱鬧一點不錯。

　　　　　先租屋、住老家，不急購屋。

　　　　　附近有流水、水庫。

入遷移：與外國人往來。

入朋友：朋友得力。

六、天梁

壽星、宗教星、善人星，但帶孤。

宗教星故能遇難解厄，所以會先遇難後呈祥（天同亦同），但也因而不能求財，不喜逢祿，否則財務爭執風波惱人。

學術、宗教活動、義工、公益事業、服務業，吉。

天梁星好為人指正，所以旁人不耐煩，亦喜歡指責他（太陽亦同）。

重風憲法紀，缺乏彈性。

喜歡別人奉承，教別人時喜歡吹噓，喜歡幫助別人，但碎碎唸。

宗教星孤重，所以婚姻不利，但能福蔭子孫。

因為孤重，沖破太重反而主飄盪。

＋桃花星亂紀，但心裡卻痛苦。

＋忌有生命之虞。

天梁有孤剋性質，所以再逢擎羊，孤剋更重！

天梁座命的人，平日除了喜歡幫助別人，也應多參加宗教、慈善、公益活動，乃至定期佈施，這樣必然更能增進福慧。

天梁星是所有星曜中慧根最成熟的，但不若天機之畏鬼

神，所以有時反而不信鬼神（但中老年後慧根必顯），但大多能自持。

* 天梁慧根屬於成熟型；天機有信仰，但因心浮，早年不會太過專心；貪狼則凡事好奇，到了一定年齡後，有所領悟，專心修為（貪狼平日嘻哈，一旦專心，耐性驚人，且因想法奇特、不落俗套，故悟性頗高，此又與梁、機之漸悟不同）。

* 至於天同、太陰，則因屬於柔性星曜，故喜宗教的和諧與玄妙（博愛、教化、和平、神祕），＋昌曲亦通神哲學或五術，但皆非天賦的表現，只是喜愛。＋龍鳳才主悟性與天份。

* 宗教星曜再加空星，往往會更接近宗教。甚至應而精通此術。

* 宗教星的人早年或許因為塵緣未了，不會明白顯現，但到了中晚年就會愈來愈明顯。

• 天梁之人應多彈性，勸解別人因著重技巧。

　　（天梁主孤，入人倫宮不以吉論。）

入福德：思想超脫，曲高和寡。

入父母：父母雙全，煞重父母離異。

　　　　＋火鈴，離家。

入兄弟：關心對方但各自獨立。

　　　　＋天刑會煞，兄弟鬩牆。

　　　　＋桃花星多姊妹。

入夫妻：宜長配，＋天壽尤然。

　　　　分手後藕斷絲連。

　　　　初戀易成終身之痛，但後者勝前者。

　　　　易結交結過婚之人，或喜歡年紀大者。

入子女：先得女，或子少，久婚不孕宜先祀子。

入事業：醫藥、命理、老師、顧問、稽核、監察，吉。

入財帛：因為神明星，需佈施，方能保正吉。

　　　　初始不利，終將聚財。理財重於發財。

入田宅：得遺產，＋天馬，飄盪。

　　　　住高樓為宜。

　　　　天梁座田宅，家中應擺設佛堂，或佛畫、佛經，

　　　　以增祥和之氣。

　　附近有土坡、墳墓。

入遷移：離家為宜。

入朋友：與人合夥需謹慎。

七、七殺

　　化權，化煞，個性倔強。

　　陷忌＋空，思想避世，或為僧侶（紫微亦同）。

　　喜同座紫微，化煞為用，軍警、實業界、武市發展。

　　喜同座廉貞，相制為用，能積富，若沖破，亦主殘疾癆病。

　　喜朝斗（對宮紫府），雖有草莽之氣，但亦有利武質。

　　七殺再逢煞，煞氣過重，每多刑傷，最好不要為軍警，轉移持刀為業（雕刻、外科醫生、金屬工業等）或武市生意。

　　七殺化厄莫入將軍廟。幼童尤為不宜。

　　＋絕，易尋短。

　　＋生，殺生為生（屠夫、肉類業）。

　　七殺不喜逢昌曲（武曲、破軍同）帶病延生或破運。

　　喜逢祿，加給能量，並削凶氣。

　　七殺（破軍同）因為做事很敢，往往橫發橫破。

不見煞重，軍警、實業家，見煞持刀謀生，武市為宜。

可做拆除業、報廢業、爆破業、開拓業（馬路、山林、河渠、建築、工程之先前開拓作業）、工業專業技術。

亦可做大眾事業，滿足其馳騁、開發之個性。

煞重投機必敗。

- 七殺座命往往勇於賭注，凡事應三思後行。

（七殺分離、刑傷徵候過於強烈，入人倫宮亦然。）

入福德：志氣過於遠大，遇挫折易轉而絕望。

入父母：分離刑剋，煞重父母有惡疾或敗家。

入兄弟：分居為宜。

入夫妻：有名無實。
閃電戀愛或結婚。

入子女：子女稀少，僅有一子。
煞重恐無所出，或子女帶病。

入事業：多有變動，可做開發、闢疆、出國、派駐之工作。

入財帛：一生難免幾次週轉陷入困境。

入田宅：不能享受祖業，最好不要動祖產。

七殺化厄，家中不要拜持刀、劍之神。關公亦以持春秋為宜。

家門大、深長形較易聚運。

附近有冶鐵業、將軍廟。

宜有金屬製物鎮宅（最好為文飾，如：如意、鐘鼎、銅鏡、吉祥獸，不要武飾，如刀、劍、虎豹等）。

入遷移：有突發之兆，外出發展，但小心意外。

入朋友：多讒友，合夥不宜。

八、破軍

先破後成，續舊換新。

七殺將星，追求權力；破軍為追求理想在所不惜；貪狼則追求更高的名利成就。

破軍其實沒有傳說中那麼乖張。相貌寬厚，不若七殺有威猛之感。只是為了理念會十分敢衝，所以給人不良印象，從另一角度觀之，這也是可愛的。（但若煞重，理想不對，則為十足惡人矣！）

所以破軍廟旺才能為儒將，且夫妻宮見昌曲，反主閨房甜蜜。

逢昌曲左右反而舉止斯文。（但見昌曲有刑傷。）

沖破，腦神經與心臟有問題（紫微亦同），腎與腸胃亦是。

喜見祿，祿存的祿補給能量，且積存性質調和破軍的在所不惜，反而不那麼狂傲。但見祿仍座不住，往往兼差或身兼數職。

不喜逢昌曲，帶病、水厄或破運。

破軍利武職或工業專業技術。可做拆除業、報廢業、爆破業、開拓業（馬路、山林、河渠、建築、工程之先前開拓作業）。

亦可從事大眾事業，不能投機。

* 七殺改變往往突破原有窠臼；破軍為在舊有事物下換新，先破壞後建設；但都有較重大的改變；貪狼的改變則為別人介紹或時機已經成熟。

* 七殺、破軍比較：
  七殺為將星。破軍不是，但旺亦為儒將，所以破軍是帶有理想性質的。

七殺遇紫微能被化用。破軍則否，因為紫破時，破軍必為陷，所以破軍的化用是在本身廟旺時，而對宮一定為府旺。

七殺、破軍均不喜遇昌曲，皆為帶病延生，或破運。

破軍主破壞，本身危險性比七殺高，除了身體易有刑傷外，感情更易有損，應小心養護。

（破軍孤剋，入人倫宮不以吉論。）

入福德：決斷，凡事親為，很辛勞。

入父母：離家自立，不得父母喜愛。

入兄弟：如不為長子，則長兄、長姊有損，自己代長子
　　　　　　職務。

入夫妻：有若無，多同居，長配宜。
　　　　　　＋昌曲，閨房魚水之樂。

入子女：因為子女宮主，對子女很疼愛，但也很嚴厲。
　　　　　　剋重所以不利長子，宜先花後果，煞重得子殘
　　　　　　疾，尤以武曲化忌加火鈴為重。

入事業：多有變動，可做開發、闢疆、出國、派駐之工
　　　　　　作。

入財帛：不斷更換產物。

入田宅：有祖產，但會更新。

入遷移：逢煞奔波無功。

入朋友：除非化吉，否則不宜合夥，防人不忠背叛。

第七章　七吉

　　星的性質並非固定的，就如人有多重性格，所以主、輔星間的搭配要仔細評量，才能對格局性質做出正確的判斷。

　　凡成對出現的輔星，如：文昌、文曲；天魁、天越；左輔、右弼，都以第一個為明顯的，第二個為潛伏性質的。羊陀、火鈴亦同。除了同宮，對宮、三方、相夾都有助力。

　　一般誤以為同宮力量最強，然後是對宮、三方、相夾，這觀念是不對的，各星座沖、會、夾力道解釋不一，不能一概而論。

壹、文昌、文曲

　　昌曲主人聰明，但不見得有科名，小偷狀元才。

　　同宮力道較強（丑宮昌曲皆旺，未宮一旺一陷），相夾、三方力量次之。

　　算是桃花星，再遇其他桃花星，難免感情滋事。

化吉可走正統功名（如：考試、學術、純文學……）；沖破可走異路功名（如：民間技藝、大眾小說、流行藝術……）。

貪狼、廉貞不喜同座昌曲，桃花性過強，或生殖系統出問題。

七殺、破軍、武曲不喜同座昌曲，性質不同，有刑傷。

化忌有感情、文書（契約、支票、檔）問題，或被騙、遭竊盜，易有環境變化、人際關係所引起的極端情緒不穩定，乃至想脫離者，不喜昌曲同座者，更靈驗。

再化厄，斯文敗類。

一、文昌

文昌化忌的桃色糾紛較強。

不喜文昌火星、文昌陀羅、文昌鈴星、文昌擎羊，必有破敗、血光，或牢獄。

二、文曲

文曲化忌的文書、情緒糾紛較強。

亦不喜歡逢四煞，唯文昌逢煞破壞性較文曲為強。

貳、天魁、天越

主有貴人，但貴人日後因為助主有功，對主人多所牽制，又變成小人星，也會跟左右一樣變成第三者（＋桃花星）。

魁越也是天上五文昌星之二，所以亦有科名功效。

座一個對一個最佳（座貴向貴），本身是別人的貴人（自己有能才能成為別人貴人），外出又逢貴人。

一、天魁

天魁貴人為長輩或有權勢、有能力直接授予幫助者。

二、天越

天越貴人的幫助比較不明顯，屬於暗中的。

座天越之人，個性溫和，惹人憐愛，有時反而要照顧他，但終能化吉，雖然不明顯或為間接。

（天越正確名稱是「天鉞」，相傳天鉞星是陰性星，所

以對薄倖之人最為厭惡，夜間便提斧鉞來教訓他們。但因吉星用「鉞」字怕人誤解，故以「越」字取代，取「超越」之意。）

參、左輔、右弼

　　魁越是提拔或化吉給你的人，左右則是幫助的人，所以都主第三者。

　　左右座命不是很好，不管主星為何都是幫助別人，所以為人做嫁衣。

　　若單座一顆，再逢桃花，可徵驗在重父母、外遇、庶子。這種徵驗在桃花星（紫、貪、廉、月、同）、孤離星（機、梁）、殺星（七、破、曲）、輔助星（天相）身上，更為明顯。因為輔助星曜原本即可能有輔助之人進入，所以逢桃、逢孤、逢煞就需藉助輔助之人來救助。

　　命宮無主星，又單座一顆，則常有離宗之兆（父母宮再化厄尤然），而且為人十分沒有定力，正所謂「人講不聽，鬼牽就行」。建議應皈依佛門（不一定要出家，皈依即可），或認神明做父母，以解厄。

左右夾反而美，左右逢源。但若於父母、兄弟宮來夾，注意重父母或異兄弟之兆。

三方來會（一顆在財、一顆在官），事況再糟，都有解，但若入官祿，對宮夫妻，則提防第三者。府相朝垣又逢此格，主一生衣食無缺，再衰也不會走到很大的霉運。

相夾、來會，化原先格局為權。

女命單座可能二夫人，或與離婚之人結婚。

不喜廉貞同度，桃花再逢第三者。

一、左輔

是天府的輔星，較穩重，左輔的幫忙較明顯、直接。

二、右弼

是天相的輔星，較雞婆，右弼的幫忙較不明顯、間接。

* 昌曲、魁越、輔弼都算文明星，對科考或文事都有助益。
* 昌曲、魁越、輔弼都應注意雙親現象，昌曲是因為桃花

引起的；輔弼是因為第三者功能引起的；魁越則是因為幫助功能引起的。

尤其在本宮不強（如單座、未逢其他較強星曜、逢桃）往往因需要藉助他人之力而發生，故建議可以認契父母（神明可）、契子女、契兄妹來化解，但社會上以相認為名，實則暗渡陳倉者多有，故仍貴在修身。

肆、祿存

把祿存起來，所以為人重儲蓄，但有點小氣。

祿存同天府一樣，略胖、腸胃好則為入格。

必被羊陀相夾，所以座不如會或沖，亦怕煞忌，多暗藏凶險。

因必被羊陀相夾，所以靈動性不高、暗藏危機，不主偏財、投機財，做事每多掣肘或無法完美，仍應其他諸吉拱照，方能化吉。

祿存之祿屬於守財、長期理財而來；化祿之祿屬於活財，活動性較高（如：投資）、救急性較高，也偏向運勢的救助。

亦不喜入六親宮，對方較自利，或為對方奔波。

不喜入夫妻宮，因為配偶不用太多。

七殺、破軍最喜逢祿存（逢比座好），因為祿存能補給能量，使其戰力不絕，同時祿存積存的性質，會調和他們奔波好戰的個性，使其變成兼差或身兼數職。

武曲化忌座祿存（必夾羊陀），二姓延生，否則剋父再剋母。

第八章 六煞

　　一般以為煞星只有四個：擎羊、陀羅；火星、鈴星，這是不對的觀念，因為吉星有七顆，煞星只有四顆，而且很多版本還說，雙煞化權，如：火羊、火陀、火鈴、鈴羊，真正的惡格只有羊陀、陀鈴。如此一來，煞星比吉星少，煞星又紛紛改邪歸正，人生豈不一片美好？

　　因此，煞星必須用到六個，便是再加地空、地劫，也有用到七煞與七吉同數，那便要再加上天空。而且雙煞化權的條件也必須謹慎，譬如星曜旺、三方再化吉，如此才能夠成反正，而且反正後辛苦得祿，但橫發後，不主能守，因為橫發者的個性往往會一直往前衝，所以容易再失去。

　　煞星裡，羊陀是一對，火鈴是一對，空劫是一對。凡殺重之星（如：武曲、七殺、破軍）再逢之，每更多凶險。

　　而畏煞之星（如：巨門、天機、廉貞、天相、太陰落陷）每多循著缺點惡化。

　　而不畏煞之星（如：紫微、天府、太陽、天梁）逢之，

不會凶險，但主星性質會朝反方向進行。（紫微、天府機侫，太陽奔波勞苦，天梁反為飄泊違紀。）

而貪狼則畏羊陀，不畏火鈴。（火貪、鈴貪格，木火通明。）

天同反喜逢煞，天同激發鬥志，但也會因而從享樂星變成辛苦不免。

壹、擎羊、陀羅

擎羊性好鬥、血光，陀羅性滯宕、波折；二者永遠夾祿。若再夾忌，破敗厄格。二者為對人之身體或精神損害極大。

一、擎羊

擎羊古稱「陽刃」，即為「明槍」之意，血光之害至極，右手左腳應注意。

旺則為將軍，陷煞敢衝故注意受傷。

再加天刑，血光更重。

加昌曲則成筆刀，寫反對文章，或有勇有謀，但因性質不同，容易出事，機器易故障。

入六親宮皆有刑剋。

二、陀羅

陀羅，是印度「賤民」階級之意，猥褻疲憊而不得翻身，長期消磨耗損，故指「暗箭」，所以勞累、拖磨層面更大，而且不容易解決。

常在起頭時見好，後來就破敗。感情也是一樣。

陀羅的破壞是暗中的（挫折、不順），擎羊則是明顯的。

入六親宮亦然，一開始感情好，後來就反目。

意外多在左手右腳。

不喜與貪狼同宮，再加天刑，風流惹禍。

臺語有謂「慢皮歹死」，多災多難反而好死不如歹活，所以有人說陀羅是「天公仔」，不容易真的挫起來。

貳、火星、鈴星

火星往往像火石一樣迸出火花，一發不可收拾；鈴星則像鐵陀頭，平日就顯得又重又硬，諸事不順。所以火星的災厄是好像猛爆性肝炎，一發就要人命；鈴星的災禍是慢性

病，慢慢折騰人。

又，在物質上，火星也主因火成災，如火災、電線走火；而鈴星則是金鐵成災，如機械故障、被硬物撞擊。

如在財產方面，火星的徵候多在財務，鈴星多在產業。

一、火星

火星入身、命，毛髮有異（禿或捲）。

脾氣一發不可收拾，因而惹麻煩。

旺者亦名震諸侯。

火星像火石一樣有爆發力，若與擎羊、鈴星同度（皆旺）反有爆發格局（火羊格、鈴羊格、火貪格），但不主發後能守（逢貪亦同）。

火星入田宅逢紫、七、日、府時，煞重小心火災。

疾病逢火星，往往會有轉為嚴重的傾向。

平時逢火星亦主反目成仇。

火星亦主人身體燥熱，所以容易心煩、耐性低。

二、鈴星

入身命宮亦破相。

旺亦利武職，有橫財。

平日就破財、破運，所以也就怨天尤人，性情古怪。

旺與火星、貪狼可成爆發格。

成昌鈴陀武大厄格。

參、地空、地劫

一、空星特性

　　地空、地劫在「五空六星」裡，算是最強的兩顆星。空星性質皆相似，不若四煞有明顯的衝擊力或傷痕，但就像水塔裡的大漏洞，不斷流失能量，也找不到原因，運勢就是好不起來；沒有病，但精氣神卻旺不起來；沒有揮霍，錢就是存不起來；跟人沒有結怨，關係就是不好；一天到晚覺得沒啥大厄事，但是總是衰衰的。如果空星會聚太多，譬如三顆，整個格局就算壞了，這時需往宗教發展。

二、空星利害

　　文星遇到空星，文采飛揚當然大幅降低，輔佐功能也大

幅降低，但此時會有黃老、佛禪的思想取代。桃花星遇到空星，賣弄丰姿的特質降低，反而喜歡文化藝術，喜歡交際的特質，也會變得以文會友。

雖然空星主耗損人的能量，但煞星遇到它，卻因為減少了作威作福的動力，所以反而惹事生非的機會大幅降低，因此變得比較安份。很多煞星遇空星後，物極必反，反而喜歡遁入空門。

但空星也有古靈精怪、刁鑽小人的一面，譬如喜歡在群眾堆裡起鬨、嚼舌根，但沒膽子出來帶頭，一發生事情就躲到後面，所以也成不了大惡，但會因而破運。古靈精怪的創意若能好好發揮，倒是不錯的點子王，不過沒有主見，見異思遷，胡思亂想，想多做少，所以經常一事無成，最後還怨天尤人，以謊話來推諉都是別人或老天陷害他。而且經常突然哪根筋不對，莫名其妙（連自己也不知道原因）就不幹了，因而半途而廢，大抵是天生沒有根基，所以沒有後續力的關係。因而如果遇到挫折，會很快放棄，或還沒遇到挫折就放棄，或還沒開始就放棄，也是常有的事──總之，就是過度缺乏自信，只能虛張聲勢，但又不敢使壞的類型。

詳細介紹，請見「空星研究」一章。

壹、四化概論

一、四化由來

星命學緣於星象學，古之星象學於天星運行的規則中，發現特別的徵驗，便設了一些虛星來解釋狀況，這些虛星同實星一樣，也有週期、應驗，但都是從實星演化而來。這些實、虛星，後來演變成星煞系統。

所以四化就是在特定年份中，特別的徵候（見二、括弧部分為不同派別差異部分，同列以供參考）。不用四化，斗數必無法精確，諸星為體，四化為用，故稱四化乃斗數用神！

因為四化藉由主星所現，所以一般人以為主星是母，四化是子，所以四化的星曜強弱度以母星來看，這觀念不對，因為四化原本就是中天的四顆星，它們本身就是主星，但因紫微裡只有南、北斗，沒有中斗，所以才藉這些主星來展現，因此它們個別的強弱度要視落入的宮位而定，而非以母

星為準。

二、各星四化

天干	化祿	化權	化科	化忌
甲	廉	破	武	陽
乙	機	梁	紫	陰
丙	同	機	昌	廉
丁	陰	同	機	巨
戊	貪	陰	弼（陽）	機
己	武	貪	梁	曲
庚	陽	武	陰（府）	同
	（陽	武	同	陰）
	（陽	武	同	相）
辛	巨	陽	曲	昌
壬	梁	紫	輔（府）	武
癸	破	巨	陰	貪

三、不同派別

關於四化因派別不同，而有不同的取法，本書以「中州派」為主，但對於其他派別的用法，用來同參其實也是無妨。

四、四化通性

1. **化權**：凡座權之人，都有領導別人的企圖，化吉才有領導別人的權力。武星化權掌能實權，文曜化權才學得以發揮。人倫宮位不喜化權，親人之間易有摩擦，朋友宮化權容易厄僕欺主，被朋友使喚。

2. **化祿**：化祿總比別人有更好的運氣，或最終能化解。但化祿也有使性質加重的意涵，如：廉、貪再化祿，桃花加重、天同更懶。財星化祿滾滾而來。煞星化祿解其狂傲，補其能量。文星化祿增加福澤。

3. **化科**：化科主聲名蜚揚。不然也有好名聲，受人歡迎。除紫、武外，化科皆為文曜，文曜化科當然功名顯榮。人倫宮喜歡化科，感情甜蜜，也有結婚的效果。

4. **化忌**：使星曜原有的厄質加深。如：武曲主孤，逢之六親緣薄，乃至過姓。天機容易精神耗弱……。此亦對主

星性質加以掌握即可。

- 不畏忌之星為：

  天同，尤喜四化全會。

  巨門獨座，對宮天同，文昌化忌來會，亦為反格。

  廉破同座，廉貞化忌，亦為反格。

  貪狼化忌，必逢破軍化祿，故災難有解。

- 以上不能說毫無波難。凡反正之格局，總是辛勞不免，並持有原先部分徵候，且發後若不能自持，亦要破。

貳、四化效用

一般人慣以化權看晉升、化祿看求財、化科看科考、化忌看凶厄，其實不一定那麼公式化，科、祿、權三者是互通流用，很難分辨彼此的。

1. **以晉升而言**，化權掌權有利晉升，但掌到實權不見得會晉升；反而化祿增加福澤；化科主聲名提高，反更有利升官封爵。

2. **以科考言**，化科聲名遠揚固有利金榜（且化科之星多為文曜）；但文星化祿運氣好，所以「昌梁陽祿」便是狀

元格；此外化權才能受肯定，皆有利科考。所以機同陰梁如化權祿，考運也不差。又如：命座昌曲，逢祿，如參加科考，誰曰不吉？

武星雖不化科，但如化權祿，有開創格局和契機，透過考試達成亦無不可！

3. **求財言**，財星化祿固為大利，但財星若化科權，有利投資、理財、經營孰曰無財？同理，其他星若化權、科，有好的機會，自當有好的收入。

總之，四化為斗數用神，千變萬化，勿太過拘泥公式法條，而應參照母星、同宮星曜、個人企求等，加以判斷，會過於武斷。

第十章　推算技術

壹、技術由來

三方四正運用技術是源自星象學，可以將各種星曜勢力，用力學來解釋。所謂的三方四正，就是同宮、對宮、三方、相夾。

一、同宮：

化整成同源力量，此時 A 與 B 產生化學變化，質變融合為 C，不再相互獨立，如氫能自燃，氧能助燃，結合成水卻能熄燃，譬如廉貞、七殺同宮化成「雄宿乾元」，不再化囚，也不再化殺，反成將軍格。

$A+B=C$　同宮　　　　　　　$A+B$　對宮

二、對宮：

兩力 180°對沖，力道為兩者之和，此時兩者仍獨立。亦

即地支六沖，如子午沖，如氫能自燃，氧能助燃，兩者一碰觸即可能引發火勢。

三、三會：

就是各 120°的三個點，此時力量正處於均衡之處。圍成的 60°正三角形不論在重心、垂心、內心皆同一點。同時也是地支三合的地方，如：申子辰三合水。

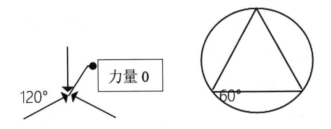

四、前宮：

前力順暢，推進後力；前力滯塞，後力無力。

五、後宮：

後力勁強，拉引前力；後力滯塞，前力散洩。

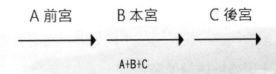

貳、斗數運用

一、同宮

同座之星不能分開單獨解釋，是產生化學變化融合後之效用。

如：星系結合後多化用成其他性質，如：廉七，陰金制火，成雄宿乾元格局（請見「二十四星系」一章）。

又如輔、小星同參，能更明確判斷事件的類型，如昌曲逢龍鳳，其聰明在於思想高明帶有慧根；逢奏書，文筆好；逢華蓋，則想法出世帶禪味。

其他諸如煞忌過重，亦可透過輔、小星判斷事件，如：天刑有刑傷；官府有官司；逢耗病將有身體不適；逢煞將有各種意外（請見「小星」一章）。

二、對沖

同座的力道是相互化用過的，而對沖則是相互獨立，再來撞擊。

如廉貪同座，桃花過盛；但如廉貞獨座對宮貪狼，則反主清白（但異性緣仍很深）。

又如命座化權之人，雖能掌權，但本身亦有領導慾望；如遷移宮化權射命宮，其人雖也掌權，但卻無領導慾望。

對沖的兩個事件可以獨立發生，不用必然結合發生。如：天相必沖破軍，所以天相雖然老實，但總因外在環境的因素有點叛逆。

三、三方

三方是力量處於均衡的三個點，所以這個三角的關係十分穩定，三角裡的力量相互流通，構成一個能源流動區，或稱為三會。

如：殺破狼必成三方，雖然貪狼並無殺、破肅殺之氣，但因必定受其影響，所以貪狼六親逢之，不以吉論。

三方時星曜仍應獨立看待。如紫七同宮，紫微化七殺為權，但若七殺並未與紫微同宮，而是在對宮或三方，則將在外君命有所不受，不能算是化殺為用，其人易有刑剋或刑傷。

四、相夾

一般斗數運用上，將前宮、後宮的運用，以相夾來解釋。

成對之星可以相夾，如：紫府、日月、左右、昌曲、魁越、雙祿、三奇、火鈴、羊陀、劫空等。

如前年化科、後年化科、今年不化科，則今年亦可視為相夾（其餘權、祿亦同）。

如天相相夾之力尤勝同座、對沖、三方。左右亦喜相夾，不喜同宮。

參、三方四正星曜效力

一、力量強弱

三方四正的力量簡介如上，並非所謂同宮力量最強（除非有特別指明，如：龍鳳）、對宮次之、三方又次，相夾最少，非也。

要注意的是，有些星喜同宮（如：紫七、廉七、廉相、廉府）；有些星喜相對（如：廉破、巨機、祿存、魁越）；有些星喜相夾（如日月、天相、左右）；有些星喜三會（如府相）。

注意這些星或星系的傾向，才是重點。有些孤剋或刑傷重的星座，反而沒有殺傷力。

二、星不能移宮位

所謂對宮、三方、相夾，就是接受星曜照射或磁場影響之意，譬如地球接受太陽能量影響，太陽旺則地球接受能量旺，太陽弱則地球接受能量弱。

因此，日月於未宮落陷，不能說看對宮丑宮時，就借日月到丑變成旺。正確的說法是：未宮日月落陷，其照會丑宮，力量便差了。

肆、十二宮三方四正

因為對沖與三方的關係，所以六個陽宮形成一個交錯體系；六個陰宮形成一個交錯體系。即：命、妻、財、遷、官、福相互影響；父、兄、子、疾、僕、田相互影響。

一、田宅宮

田宅宮的星曜會沖到兄弟宮、子女宮、自己的疾厄宮，

所以田宅宮如有病星，可能是遺傳病。同時也因此田宅宮的運勢也是家運興隆與否的徵兆。

二、僕役宮

僕役宮星曜會沖到子女宮、兄弟宮、父母宮，所以僕役宮的病星，也可能是遺傳病的徵候。但僕役（朋友）外人與家族遺傳無關，所以僕役宮用來解釋家族親戚尤其宗族關係頗為準確。

三、夫妻宮

夫妻宮會沖福德、遷移、官祿，所以對自己的情緒、人際、成就有重要影響，故配偶能補自己之不足，亦能敗自己之基業，故應慎選所愛，慎愛所選。男女關係若複雜混亂，淫來蕩去，對福、遷、官、財亦為破運之兆！故「家和萬事興」絕非說教，命理尤為如此。

四、其他

有些學派教人補運之道，補運不如強化宮位功能，進而補足能量。如：積德必能積財（福德、財帛對沖）。福德宮

位為強了，就會直接影響財帛宮的運勢。當然，後天的努力促使原先基因改變，其效果並非一朝一夕可以發現，但長久下來慢慢發酵，終於可改變原先性質。

同理，與父母關係良好，能增進自己健康福壽（父母、疾厄對沖）。

充實於內，發達於外（命宮、遷移對沖）。

兄弟不睦，朋友交往不真（僕役、兄弟對沖）。

以愛育養子女，能增田產家道（子女、田宅對沖）。

夫妻和諧，有助事業發展（夫妻、官祿對沖）。

進階篇

學習此篇者，
將擁有紫微斗數完整的運算能力，
可用二十四星系、小星、流年星，
批算各種流運，並與他人命盤和合。

第一章 二十四星系

　　十四主星除了單獨出現外，也會以雙星的形式出現，這就是星系。星系出現機會高於單星，所以解釋星系不亞於單星！

　　並非將兩顆主星分別解釋就是星系，兩顆星組合後已經產生化學變化，變成另一個不同的特質，氫能自燃，氧能助燃，結合成水卻能熄燃，譬如廉貞、七殺同宮化成「雄宿乾元」，不再化囚，也不再化殺，反成將軍格。因此要特別注意：兩顆星合成後，形成什麼效果？而且與三方正關係如何？這都有一定的徵驗，不能自己想當然耳信口開河。

　　一般以紫微星系的紫微、天機、太陽、武曲、天同、廉貞為首，來分類二十四星系。

壹、紫微星系

一、紫府

　　兩顆帝星，高處不勝寒，為人孤獨少人瞭解，轉而希望

得到奉承，所以應防喜歡聽信甜言，或將別人應酬話當真。

有很強的成就企圖，所以不免表現出強勢的作為，或心急。

化厄逢空星更易用心計。

心靈空虛小心桃花慰藉。

得志後若為人部屬，心志高傲，其主管必難駕馭，雖有功績，反而功高震主。故因多圓滑。

兩顆帝星雖不畏煞，但煞重道偏，若懷才不遇，必心生篡謀。

工心計，善謀略。

＋空，六親緣薄。

- 孤氣重，應多培養救助、義工精神與行誼，並應多培養團隊合群精神，以免遭到別人排擠。

（紫府貴氣過重，入人倫宮，難養。）

入福德：常感孤寂。

入父母：雙全，敬畏雙親，但少溝通。

入兄弟：兄弟不出三人。

入夫妻：凌駕配偶，故多隱憂。

入子女：有單傳現象。

入事業：偉大。建築業、自創品牌可。

入財帛：喜逢祿。

入田宅：宜住大廈。

入遷移：從小外出，或做重洋之旅。

入朋友：應防朋友過度強勢，自己喪失格調。

二、紫貪

桃花犯主。貪玩、頑皮、做老大。

「醒掌天下權，醉臥美人膝」是紫貪最想要的境界。

紫貪比紫微更懂權謀動宜，比貪狼更具霸氣企圖，是一個可成大器，亦可為梟雄的組合。

紫貪同時具有紫與貪的桃花性、宗教性，所以在這兩項徵驗上，若逢桃花星、逢空星，現象明顯。

三方四正必為殺破狼＋廉武紫，衝勁十足。

唯殺破狼＋廉武紫，亦必心在外不在內，所以孤剋過重，與親人緣份較薄。

得志後，慎防沉溺於酒色財氣、權力鬥爭，而又歸於失敗。

有人緣，＋桃花星風流。

＋空星，宗教人士，惡習反正。

平日好五術。

化權，＋魁越喜歡政治活動。

化吉為人風雅有魄力，化厄則惡向膽邊生。

- 紫貪志謀勇兼具，最怕不得志成為梟雄，故應多養敦厚之氣。

（紫貪入人倫宮主分離、刑剋，並注意重親現象。）

入福德：能享受、志向遠大、性幻想豐富。

入父母：化吉父母寵愛有加；化厄反關係惡劣。
　　　　　＋桃花星，左右，易有雙重父母。

入兄弟：易認乾兄姊，＋桃花星，暗渡陳倉。
　　　　　＋桃花星，左右，易有異兄弟（同父異母或同

母異父）。

入夫妻：感情易出軌。

入子女：對子女要求嚴格。

入事業：頗有可為。

入財帛：富足，不主大富，但能富有。

入田宅：能白手購置。

入遷移：離鄉發展。

入朋友：多權貴之友，但防同縱聲色。
朋友多所指使。

三、紫相

帝印相逢，難免獨斷。

必居天羅地網宮，貴未能完全顯現，所以反叛心強、意見多，顧問、自由業佳。

企圖心很強，不順就換行業（對宮破軍亦有影響）。

有權有印（府武是有財有庫），故必能掌實權，唯權印相會最忌煞重，雖不帶刑傷，但因錯誤的決策更甚於貪汙，

並殺人於無形，煞重則容易因為道偏而離經，故不可不甚！

　　紫相必逢武府，構成權印、財庫俱全，化吉，必然不可一世！

- 天賦異稟，但不能一飛沖天，天將降大任於斯人也，必先苦其心志，宜外出發展，步步為營，莫心急。

* 中國哲學很有意思，就是任何事都不會圓滿，如紫相是至高的權力格局，所以永遠不會被左右相夾、也不會被左右所同時朝垣（但會座一顆、向一顆，此時又化為幕僚長），紫相亦必居天羅地網宮，這是因為如果一切都圓滿了，反而沒有進步的空間，此時亢龍有悔，反而不佳！

　　（主孤，入六親不以吉論，且重親機會亦相當高。）

入福德：企圖心強大不易達成，心生怨尤。

入父母：多紛爭。

　　　　　＋桃花星，左右，有重父母。

　　　　　＋左右，拜契父母。

入兄弟：兄弟多，入吉會結交契兄長。

入夫妻：宜長配。

入子女：志高倔強，獨立性強。

　　　　久婚不育，宜先祀子。

入事業：步步為營，終能大成！

入財帛：富足。

入田宅：吉，宜買高樓、舊宅。

入遷移：受人景仰。

入朋友：朋友有正義感，但牽制太重。

四、紫七

化煞為用，逢祿更佳。

三方四正必為殺破狼＋廉武紫，衝勁十足，六親緣薄。

紫七必座四馬之地，所以遠征意涵更濃。

對宮必為天府，所以出入近貴，化吉能出將入相。

＋祿馬，能保平安。

刑星重，血傷難免。

企圖心強，不受約束，能耐辛勞；逢吉能爆發。

發達後偏向享受。

無法撿現成，必經一段艱難。

往往能掌生殺大權（人事決策、工作調度）。

對人敏感，心中自知（但不會說出來），狀況立刻處置。

團體中自然受人敬畏。

紫七是屬於閃電型的人，凡事速戰速決，所以事先對於後續的發展規劃，往往就欠缺考慮。

· 紫七之人手握生殺大權，故平日應多修福。

（紫七主征戰，故入人倫宮，會有刑剋情況，化厄更主刑傷。）

入福德：性急，以獲得成功為最大快樂，家裡待不住，有開創個性。

　　　　＊大凡福德宮強而命宮弱者，往往想多做少。

入父母：分居為宜，否則會有嚴重爭執。

入兄弟：不和，分居。

入夫妻：一般主自由戀愛。

　　　　夫妻會有閃電戀愛、閃電結婚的情況。

　　　　婚後感情容易出問題。

入子女：得子遲。

　　　　煞重注意妊娠安全及嬰幼兒安全保護。

子女調皮，容易受傷。

入事業：不喜為人工作，不如意就辭職。

　　　　化煞為用，實業發展，或經銷生意。

　　　　＋昌曲、龍鳳：美工、設計、裝潢等。

入財帛：財來財去，有橫發格局，但亦可能橫破。

入田宅：早年較為不順，並常更換住所。

入遷移：外出有貴人，但注意血光之災。

入朋友：部屬難駕馭。

五、紫破

紫微未化破為權（同度破軍陷），所以沒有紫七好。

君命不受，叛逆、亂紀，故忌再逢煞，叛逆更重。

三方四正必為殺破狼＋廉武紫，衝勁十足。

喜見祿馬。

公共事業為宜。

＋桃花星，喜情色。

為人部屬不守墨規、喜歡開創，對長官會有反叛心理。

- 紫破叛逆，但具開創性，應發揮優點，開發新格局。

（破軍未被化用，六親無緣。）

入福德：勞心勞力，凡事親臨。

入父母：早年離家，否則刑剋。

入兄弟：易有異兄弟，糾紛分家。

入夫妻：婚前多波折，煞重多婚。

入子女：長子易有刑剋，破相、早產。

入事業：事業多變動。

　　　　　加工出口、拆除業可。

入財帛：財來財去，應多理財。

入田宅：無祖產緣，有之亦以勿用為宜。

入遷移：貴人、小人各半。

入朋友：不交心，有鬼胎。

* 　凡紫微星系座命者，心志高傲，所以常與別人意見不合
　　乃至爭執，但因其有股梟雄之氣，別人常不願與其正面
　　交鋒，故多私下施以手腳。若有功，亦怕功高震主，故
　　應多培養與主管之和諧關係，才能相互為用。

貳、天機星系

六、機陰

太陰主富，能化天機之孤徙，故動能得利。

兩顆皆為遷徙星，浮動性過強很難久耐一地、一人，故多變動，日久必然生變。

第六感強，亦主敏感。

愛情不易掌握，＋桃花星，常換異性朋友。

必夾紫府，有權謀，可為貴人提攜，亦為貴人所害（本身主文質，唯紫府是從，故成敗皆為紫府所左右），應特別注意追隨的主管。

＋昌曲，聰明過人，輔助紫府，故為幕僚長。

最忌天機化忌，猜忌、動輒得咎，精神易出問題。

兩顆皆為畏忌之星，上述情況加重。

設計、公關、流通業、運輸業佳。

與異性接觸的行業。

- 機月浮動性過強，不耐久，故因而不能堅持，往往功虧一簣，所以應該以靜座或修禪培養安定之性（機月有宗教天份）。

（機月的浮動性與桃花性，在人倫宮容易有過房或庶出現象，亦應注意太陰吉厄對六親的刑剋。）

入福德：孤芳自賞。神經敏感，化吉靈動很高。

入父母：聚少離多。
　　　　　＋桃花星，母親帶子重拜（或過房），或宜認
　　　　　契父母。

入兄弟：兄弟姊妹星佔宮位，必不和，且有爭奪情況。
　　　　　＋巫＋祿，遺產有爭。

入夫妻：喜歡浪漫、冷戰，易因情意不再投和而有分開
　　　　　徵兆。

入子女：喜歡小孩但不耐久。
　　　　　＋桃花星，姑子歸宗（子女歸女方或女方家
　　　　　族）。

入事業：浮動不安定。

入財帛：白手起家，自由創業。

入田宅：時常遷徙或家裡待不住。
　　　　　煞重母病，化忌父病。

入遷移：有出國運。

　　　　　不宜與人競爭。

入朋友：交遊廣闊，知心者稀！

七、機巨

一孤一暗，發不耐久，不依祖業，白手成家。

智慧好，口才也好，不知節制，所以得罪人。

在卯日月旺，勝於在酉。

最忌自化忌或逢忌，流言官非，易有腦神經受損而不能言語者。

座命夫妻感情易出問題。

兩顆皆為畏煞之星，故逢煞，孤暗性質又增加。

化吉為人師表，文才口才兼備，亦可為傳播。

機巨智慧好，口才也好，但因孤暗，煞重容易成為灰色思想傳播者，或因不得志而口不擇言，滿腹牢騷，故古人不愛。

最容易成為騷人墨客，寫詩不錯。

團體中易成為異議人士。

- 機巨之人應培養光明博愛心胸，發揮智慧口才特長。

（機巨孤暗，六親無緣。）

入福德：思想較異於常人，常有很深的孤寂感。

入父母：寄養，或父母無暇照顧子女。

入兄弟：各懷心機，宜分開。

入夫妻：各有想法，互不相讓。

入子女：只有一子。

入事業：很少終於一職。

公共事業、廣告、傳播、律師、代書、命相師、顧問。

入財帛：機變求財。多進多出。

入田宅：產業多糾紛，易立易敗，與鄰人不和。

入遷移：外出創業。

入朋友：始善終惡。

八、機梁

兩顆孤星，孤氣太重，發不耐久！

機梁本孤，又座天羅地網宮，故不宜與人競爭，雖贏亦

輸。

兩顆宗教星，逢空星易看破紅塵，或一世飄泊。

兩顆宗教星，其宗教天份可見一斑！

兩顆才華星，善文韜武略，但因主孤，只清談盛名，宜學術發展。

想得多而且完美，可惜做得很少，不是好的實踐家。

＋昌曲有才華，高藝隨身。

見煞落拓江湖。

＋桃花星，處處留情。

化厄亂紀。

機梁之人孤氣太重，但因有神佛之緣，故可拜神明為父母。

機梁化厄嬰幼兒時難養，需拜契父母（要很正式的）或過房，方能延生。

機梁化厄過重，父母宮又不吉，往往主離宗，否則父母刑剋極重，自身健康或安全亦常出問題。

- 雙孤落網羅，安身樂道做教化，最佳。

* 離宗格：命無主星座左右；機、梁、機梁、機月座命；以上格局又化厄、父母宮又再化厄，有改姓過房之兆，

否則刑剋之重，非與倫比。離宗格若不願離宗，解決之道便是皈依佛教，並取得法姓「釋」，按時供養三寶，則可減少刑剋。

* 　若非離宗格，但有以上徵候，建議亦可皈依，以化解孤離。

（孤氣太重，入人倫宮不吉。）

入福德：喜清靜、心靈享受，但想法施展不開，受約束。

入父母：早年離家，＋煞刑剋，＋桃花星有重父母。

入兄弟：易有小產，兄弟分離。

入夫妻：宜長配，否則婚姻易生變。

　　　　　或婚前曾同居、重大失戀、解除婚約。

入子女：見煞易流產，＋桃花星易有庶出。

入事業：專業技藝、文教、法律、命相。

入財帛：巧藝謀生，或專利發明。初始很辛苦，財來財去。

入田宅：需自置產，勿動用祖產。

　　　　　家裡常遷徙或待不住，並且常翻修。

宅中寬敞或宅前有廣場。

入遷移：得現成機會，適合貿易商，外出佳。

入朋友：得長輩支持，平輩較少，並慎防被陷。

* 天機星系最大特性乃在浮動性過強，並且「孤」的成份
很大，所以在調和家人、人際關係上要多費心，否則常
常不注意就產生分離的現象。

參、太陽星系

九、日月

陰陽同宮，雙重個性。

兩者皆為中天運轉星曜，故奔波。

同宮交會，往往又更多交替、更動、移交之事。

於丑兩者旺，財貴雙全；於未兩者陷，個性不穩定。

座命宮宮位，不利父母（丑宮不利父，未宮不利母）。

座命無吉反為凶，因為男女親星座宮位，一生牽制頗
重。

故座遷比座命少點孤剋。

日月反背不能以吉論，縱然功成亦多破敗或內憂外患。

不會同座祿馬（但會逢），故喜逢三臺八座，遷徙平安。

日月皆不喜化忌，化忌光輝盡失，且與六親有剋。

＋羊陀易剋親。

傳播、進出口貿易、電訊，能得異鄉之財。

- 日月座命，富貴可期，但奔波不免。

（日月為親屬星，入宮佔宮位，所以爭執難免。）

入福德：旺者高雅，落陷寂寥。

入父母：與雙親緣份較淺。

入兄弟：浮動性太強。

入夫妻：親家不和、配偶自私。

入子女：子女多。

入事業：變動性大、時常交接職務。但終能有成。

入財帛：先散後聚。

入田宅：日月合璧，家道興隆。

入遷移：有出國之運。

奔波勞碌。

入朋友：交友眾多，落陷反被仇報。

十、巨日

日化巨門之暗，但兩顆皆為競爭星，所以競爭性更強。

略胖為合格。

每多晉升機會。

因主口舌（巨）又喜指正命令別人（日），所以亦常被人指責。

巨日之人，若過度干涉別人（讓別人感受到壓力與受到牽制），最後反目成仇！化權更應小心，以免成為凌駕別人。

化吉為人師表、公共代表、記者、傳播業、公眾事業。

常指與異族有關事務，各宮皆然。

到各宮都主競爭，但很勤勞。

旺吉多能福蔭三代。

在寅勝於在申（日旺）。

＋天刑，從事政治活動。

＋紅鸞，演藝人員。

兩星皆不喜化忌，逢之沖破。

- 巨日為吉格無疑，但若牽制別人過重，反無意成別人小
  人！

  （巨日不主刑剋，但因競爭性與牽制別人，入六親宮，
  彼此間會有誤會、口角。）

  入福德：會享受，多口福。

  　　　　　有被人誤會壓力，性慾強。

  入父母：父母於外國公司上班，與父母關係較差。

  入兄弟：皆為創業之人，但不主有助力。

  入夫妻：夫妻口角，親家不和，異族通婚。

  入子女：子女多才，能得佳兒。

  　　　　　對待兒女切莫因為干涉過度而造成嚴重代溝。

  入事業：有偏財，異族得財（上班、貿易、代理）。

  　　　　　宜經商。

  入財帛：競爭求財，可創業。

  入田宅：可外國置產、移民、於外族公司上班。

  入遷移：外出求財，求名優於求利。

  入朋友：多是非，交異族。

十一、陽梁

天梁收太陽之熾熱，使之穩重。

兩顆都是善人星，自我犧牲，所以孤太重。

缺乏彈性，與父母、上司常意見不合（太重情義），但能效忠。

學術發展佳，更好哲學、術理。

在卯宮日旺，勝於酉。

成昌梁陽祿狀元格。

性喜飄泊，落陷尤然。

陽梁之人有很深的宗教情懷，所以會有燃燒自己的心胸，但社會現實，這種情懷往往成為被人犧牲的對象——好事給別人，壞事給你，團體中，往往不是獲利而是背黑鍋的人。所以難免會有怨懟。但這種福份積成陰德，卻能逢凶化吉、德蔭子孫。

· 陽梁人生目的在於服務，不要計較功名利益，自然會有福報。

（陽梁孤重，入六親宮，緣份較薄。）

入福德：幕後策劃，莫強出頭，否則亦惹怨懟。

入父母：緣薄，與父親尤然。

入兄弟：各持己見，每多紛爭。

入夫妻：不好，孤太重，宜大小配。

入子女：與兒子緣份較薄。

久婚不育，應先祀子。

入事業：有偏財，不主大富，可做醫藥。

入財帛：專業或是商標取財，但因財起紛爭。

入田宅：公產興訟。

入遷移：留學、移民、代理貿易。

入朋友：孤立，化吉亦主熱鬧而已。

* 太陽星系孤及遷移性質都很強，另外，因為喜歡開導別人，所以引人不耐煩，正所謂良藥苦口，所以開導別人應注意技巧，以免反生怨懟。

十二、武府

武府座命必逢紫相，故權印、財庫皆全。若為商人，化吉可成為偉大企業家！為官小心謹慎，官高祿重為棟樑！

財、庫、權、印，不能為空庫（逢空星座絕），否則外

華內虛。

兩顆財星，為人小氣，有進無出。

有財權（掌握經濟大權）。

天府雖不主動，但因武曲個性好動，對宮又為七殺於遷，故仍不能座擁山城，仍須在外奮鬥，才能求得富貴。（不一定要離鄉，但不能座守。）

決策、企劃、攻守皆得宜，不會太衝，也不會太弱，武府在命之人參與決策必然一針見血、效率高，逢空庫恐因尋財太急，反而心機過重。

逢祿，大富大貴不日可期。

小心溺水。

不願屈居人下，可自行創業，或為極高職務。

格局高反不喜遇煞，易因經營企圖過高，而為旁門左道。

• 武府座命，步步為營，成功可期。

（武府入六親宮主吉，但干涉會強一點。）

入福德：有謀略，又能行動。能賺錢，又能享福，對自己較好。

入父母：刑剋少，有祖業，干涉較多。

入兄弟：有為之人，平日雖非無所不談，但急難時有救
　　　　助功能。

入夫妻：妻帶財來。煞重，妻子外出賺錢。

入子女：吉，對小孩不能太專制。

入事業：偉大。

入財帛：大吉。

入田宅：大吉。

入遷移：離鄉發財。

入朋友：交往近貴，彼此多為利益上的結合。

肆、武曲星系

十三、武貪

　　兩顆皆為追求成就的星（一追財、一追利），所以生意
頭腦與氣質很濃，但都重情（做生意與重情並不相互違背，
但凡事多少會算計一下，尤其做好事都喜歡讓別人知道）。

　　武貪喜競爭激發潛能，但過於惡性競爭的事業，又往往
感到排斥（剛直、帶點藝術氣質），所以適合開發中行業，

不適合成熟行業，另外，以人際關係、專業、服務、文藝氣質、動腦筋來拓展事業的行業。

逢空星，不主商人格局（武曲財星逢空星會漏、貪狼逢空星反主清白），反主多才多藝，但做事仍會盤算，是會經營、會算計的藝術人，做字畫、骨董、藝品佳）。

能文能舞，座能寫，起能戰。

武貪必被日月相夾，故富貴可期。於丑較佳。

但兩星皆不喜座昌曲。

如不沖破是講信用、重情意的商人。沖破則多自肥。

三方四正必為殺破狼＋廉武紫，衝勁十足。

武曲為剛，貪狼為佞，氣質不同，故不發少年郎。

化吉大商賈，陷忌從事與刀有關之技藝佳。

有意外之財。喜逢火、鈴旺，雖爆發，但財務糾紛不免。

不喜遇羊陀，有劫災。

化厄反主貪汙。

武貪座命不一定要離鄉背井，座遷才要。

• 　武貪沖破與否算計氣質都在，所以為人精明。

* 　氣質不同而不能相互調和的星，對宮比同宮好，否則都將有一段不順的期間，如武貪（晚發）、廉破（囚耗交

侵）、武星（武、七、破）昌曲。

* 氣質不同而能相互調和的星，同宮好。如：廉貞七殺、
  廉貞天相、紫微七殺、太陽巨門、太陽天梁、太陰天機。

（武、貪入人倫宮皆有孤的性質。）

入福德：有衝勁，以事業成就為樂。

　　　　　＋桃花星，喜花酒。

入父母：緣薄。

入兄弟：緣薄，煞重有心結、爭奪。

入夫妻：理念易不合。

入子女：四十以後得子。

入事業：中年以後，大有發展。

入財帛：初始較辛苦，終能致富，吉。

入田宅：橫發晚置，吉。

入遷移：異邦求祿，成巨賈，一生飄泊頗重。

入朋友：＋桃花星，多酒肉朋友。

　　　　　＋煞，慎防朋友出賣、貪汙。

十四、武相

有財有印，且必逢府庫（府亦為權），若再逢化科，大貴之人。

一為財神，一為食祿之神，衣食無缺。

但武相必座四馬之地，對宮又為破軍，所以雖衣食無缺，卻不是座等茶飯，亦需外出奮鬥，方能大有所成。

但因帶孤帶輔，往往需藉助別人的拱持，亦需拱持別人。

做生意佳，能愈做愈大，同時也有從事數業的情況。

防蛇與狗咬。

天相不能自作主張的個性遇到武曲，便變得活躍起來。

紫府財、官來會，帝星尋財印，必為各方爭寵之人才，但因本身不帶權，若想獨創一格，可做代理、經紀、加盟。否則可為宰相（幕僚長、副座），尤善財經、謀略、效率很高。

* 武相為高級人才，亦有戰鬥力，但得名、得利更甚於得權，若想自行創業，亦為如此。

* 凡奔波、外出之格最喜座祿馬，三臺八座亦佳。

* 凡衣食無缺之格局，如府相朝垣、武相座命、武府座

命、天府化祿、左右朝垣，化吉則一路青雲，甚少風波；化厄則再衰也不會窮途末路，總會有解。另外，以上格局再逢龍鳳（同座命更佳），為人風雅，飽暖吟詩，逢凶有解，守護神很盡責。

* 凡輔助格局之人（如：天相、武相、廉相、左右入命者），並非只能做到副座不能做到最高主管，而是為政風格偏向支持公司政令或政府政策。

* 輔助格局之人亦非不能創業，而是以代理、經紀、加盟、連鎖為宜。若要自創品牌亦非不可，但須偏向服務別人，如：顧問、輔導，或深度服務業。或為別人下游、衛星（公司）工廠、小盤、分包別人工作、代工，總之莫搶首位。

如企圖心大而且要獨立經營並自創品牌，則可招攬政府工作。

（入人倫宮因帶孤帶輔，往往需藉助第三者的力量。）

入福德：能守能戰，一生少風波。

入父母：緣薄，＋煞、＋桃花星，有重父母之兆。

入兄弟：不和。

入夫妻：妻子管顧很嚴，亦因而爭執。

再加左右很容易再婚。

入子女：先祀後果、婚外生子。

入事業：＋桃花星、＋昌曲，反為特技藝人。

（武曲不喜逢文星）

做生意代理、經紀。

入財帛：豐厚，但以特殊專才得財。

入田宅：宜買舊宅。

入遷移：財印居遷移，鉅富有橫財。

有出國運。

入朋友：無意多爭。

十五、武七

兩顆孤寡將星在一起，其孤、煞之重可想而知！

三方四正必為殺破狼＋廉武紫，衝勁十足。

敢拚、拚時有狠勁。

廟旺非常有謀善戰。

刑傷太重，不喜再加四煞，頗有走到末路之慨！

逢祿則出現轉機，為英雄末路逢貴人！

加空星反而減少鬥性，因而刑傷降低，但孤性更重。加祿馬，橫發外郡。

武曲、七殺皆不喜逢昌曲，帶病，破運。

* 武七座命若未逢祿，應該忍耐，等到大限逢祿，自有一段橫發機運。但祿發後應轉攻為守，以免橫發橫敗。

* 任何刑剋再重的星，如：武七、武破、廉破、七殺、破軍等，遇到空星，因為減少鬥性、增加宗教思想，所以刑傷、厄運反而減少，但因空星帶孤，所以更孤，因此多有遁世之舉。

（武七刑傷過重，入人倫宮以凶論。）

入福德：奔波不寧。

入父母：無緣，早年離家。

入兄弟：一人，空劫齊會則無。

入夫妻：大不利，不小心維護，習慣性離婚。
　　　　　如再娶，其妻亦可能為二度婚姻。

入子女：關係惡劣，化厄小心子女刑傷。

入事業：適軍警、實業，煞重則專業技術。

　　　　　＋文星則為印刷、服裝、裝潢等文藝工業。

入財帛：白手起家，亦主橫發。

入田宅：中晚年後再置產，若有祖產莫動用。

入遷移：活動力，外出應防意外。

入朋友：防被出賣。

＊　如煞星太重入田宅宮，則一般建議莫動用祖產，否則容
　　易散耗，不如留著做老本。

十六、武破

　　武曲破軍必在四馬之地（相對亦然），所以註定是一個
在外奔波的格局。

　　破軍不是將星（七殺），是耗星、破壞星，所以財星逢
之，不以吉論，廟旺才主武職崢嶸，否則刑剋必重。

　　衝勁很強，勇於賭注、也會在所不惜。

　　留在生地反因孤剋對眾人都不好。

　　三方四正必為殺破狼＋廉武紫，衝勁十足。

　　喜逢祿，不喜逢昌曲。

逢祿不但破軍得援，武曲財星亦發光，就能富有，並因而掌權貴。

亦不喜再逢四煞。

- 武破與武七一樣，若本命未逢祿，應該能屈能伸方為大丈夫，等待大限逢祿，自有一段橫發。

* 廉破是囚耗交侵，武破是四馬征戰，皆喜有祿來會，方能戰力不竭、連連攻城，否則每敗每戰，終致耗盡而亡。

* 七殺、破軍最大不同在於，破軍會有在所不惜的個性，而七殺則是為成就（尤其是權位）而征戰。破軍若化厄這種死而無悔的個性，往往會弄得玉石俱焚。破軍旺或化吉，則主其人為理念堅持而能犧牲。

（武破入人倫宮，凶。）

入福德：常有外出征戰或做突破的念頭。

入父母：不吉，刑剋重。

入兄弟：一人，空劫無。

入夫妻：三妻。妻子外出貼補家用。
　　　　　煞重因妻失財。

入子女：一子有刑剋。

入事業：武職。＋天刑，軍警。

入財帛：異鄉求財，財來財去多起伏。

入田宅：不依祖業。

入遷移：外出發展，化厄應小心意外。

入朋友：朋友不義，小心被倒、被出賣。

* 武曲星系一般而言，都很有發展性，但應防止因而對家人無意間的冷落與疏遠。女命座武曲星系，在男女尚未平等的現代社會，刑剋性質頗重，應注意交際手腕與忍讓。

伍、天同星系

十七、同陰

兩顆美麗、浪漫的星，旺者水澄桂萼，居清高之職。

化厄者感情柔弱，屢被甜言蜜語所騙。

有異性緣，但意志力較弱，感性大於理性。

化吉同性亦非常疼惜；化厄則同性厭其桃花過重。

＋桃花星，帶桃花。

＋祿，亦主異性主動幫忙，因而多少會有不必要的感情產生。

亦喜擎羊同會與午，馬頭帶箭，邊疆立功（午月陷，故需擎羊激沖）。幼兒不能入廟，更不能入將軍廟。

・ 同陰應防感情豐富，別人將好意當好感，而惹來不需要的麻煩。

* 凡馬頭帶箭（天同、貪狼於午同座擎羊）或將軍格局（七殺、破軍、擎羊）之嬰幼兒，皆勿入廟為宜，尤忌將軍廟（五府將軍廟、持刀關公廟、持刀岳王廟、王爺廟），對沖大厄。

（同陰皆為感情星，入人倫宮主吉，但重親現象亦明顯，故應注意桃花及單星效應。）

入福德：風雅，有同情心。

入父母：感情好。

入兄弟：感情好，有姊妹能突出者。

入夫妻：貌美，配偶異性緣重。

入子女：煞重弱智或情緒異常。

入事業：多變動，可做流動事業。

入財帛：陰帶財，能守祖業。＋祿，可聚財。
女性對象之生意。

入田宅：吉。家中宜養花草增運勢。
可投資觀光業、園藝業。

入遷移：他鄉創業。

入朋友：交遊雖廣闊，但能深交者只品味及氣息相投者。

十八、同巨

情緒星＋暗曜，表面看起來快樂，內心時常糾結事情，所以胸悶氣結。

兩顆皆水星，感情多困擾。

＋祿、＋桃花星，情況更嚴重。

巨門雖主波折，但天同福星，終能化險為夷。但因天同本身亦主先難後福，所以早年的波折是免不了的。

天同不畏煞，但巨門畏煞，故逢煞主多波折，辛勞不免。

＋火鈴，身有異痣。

- 巨同算是所有星曜中，最會暗藏心事的，而且每次都是自己將情緒惡化，想像壞情況，故應多培養開朗個性。

  （入人倫宮雖無刑剋，但感情不睦。）

  入福德：喜歡往壞的方面想，喜歡幻想。

  入父母：暗藏心結。

  入兄弟：有口舌，可能有契兄弟，但始善終惡。

  入夫妻：外遇同居多紛擾。
  　　　　易與已婚者戀愛。

  入子女：子女意識薄弱，＋左右庶子反而得力。

  入事業：做事有頭無尾，不宜做大投資。

  入財帛：不易聚財。

  入田宅：不宜置產，易惹是非。
  　　　　家中水的問題（水田、壕溝、排水）易出問題，
  　　　　並因而影響家運。
  　　　　煞重容易被偷。

  入遷移：白手起家。

  入朋友：誤交匪人。

十九、同梁

兩顆皆為先難後祥之星，所以早期刑剋太重，亦主飄泊。

軟弱，不夠獨立。煞重則為浪子、重拜父母、庶出。

同梁之童，早年難養，拜契父母則可解。

同梁座命，必紫府夾遷，所以外出逢貴，但牽制亦重。

易有乾長輩或有助益的長輩以為扶持，相助更重於血親。

可從事運輸、交通業，減少飄泊性質。

中年之後漸入佳境，終致福（同）蔭（梁）雙全，並能庇蔭後代。

- 同梁很典型的先苦後甘，故早年不要太在意成敗。而中晚年必可福壽雙全，德蔭子孫。

（同梁雖不主刑傷，但主孤，所以入人倫宮，緣份薄。）

入福德：有同情心，風雅，有信仰。

入父母：煞重父母婚姻有問題。

入兄弟：有暗爭，不宜同居，姊妹多，兄弟少，剋重沒有。

入夫妻：重大失敗，但後者勝過前者。宜長配。

入子女：煞重弱智或性格異常。

先花後果為宜。

入事業：宜幕後工作。

入財帛：由小聚大，或白手起家，但很辛苦。

入田宅：租屋為宜。

入遷移：浪跡天涯。

入朋友：有諍友。

＊　　天同星系個性較軟弱，所以不妨堅強點。更不要把心事、暗氣藏在心裡，多培養積極、開朗的個性。

柒、廉貞星系

二十、廉府

囚星入庫，三方必會武曲，故腰金衣紫。

財進不出，當然就會小氣。

三方亦必逢天相、紫微，故有權印、財庫俱全之徵候。

但為囚星，而且必居天羅地網宮，所以亦有三十而後發

之跡兆。

（三十而後發只是一個概稱，表示中年以後運氣轉好，實際則以大限為準），發後自然位高權重。

＋桃花星，小心風流。

風雅之士，個性敦厚，但不軟弱，可從事文藝、教育。

＋昌曲尤然。

對宮必為破軍，耗星沖囚，故外出應多注意意外。

善交際應酬，異性緣重。

故可做生意、大眾事業。

- 廉府是一個很好而且有氣質的星系，早年雖然不順，但終能大成。

（廉府入人倫宮，和美，若非財物豐饒，亦必照顧有加。）

入福德：多福多壽，自得其樂。

入父母：和美。

入兄弟：相互照應。

入夫妻：感情甜蜜，

入子女：得貴子，但不多。

入事業：生意、建築、財經顧問，吉慶。

入財帛：愈存愈多，非爆發型。

入田宅：能守祖業。居家豪麗。

中年後又能再添。

入遷移：外出逢貴人。

入朋友：有良友。

二十一、廉貪

三方四正必為殺破狼＋廉武紫，衝勁十足。

兩顆桃花星，故主圓滑，化吉則風雅善藝術；化厄則桃花過重。

廉貪雖是桃花星，但不是軟弱的星，很有交際與駕馭手腕。

唯小心玩出問題。

性需求很大。

廉貪座命，身宮同參。

＋祿，桃花開，小心過度。

＋煞，易因色惹災。

廉貪必座四馬宮，又活潑，家裡絕對待不住。

＋天馬，遊歷天涯（非天梁星系之流浪）。

逢空星，破桃花色心，將情慾深藏，故多性幻想。反主風雅、流行藝術。

廉貪的風雅藝術不會艱深難懂，所以反能受大眾喜愛。

• 廉貪能利用人性的弱點，將狀況置於模糊地帶，以利事情進行，但千萬小心莫玩得過火。

* 桃花星系容易被人好意誤當好感。

廉貪個性活潑，講話有時用手摸別人，易被人誤會對其有好感；同、陰關心別人，講話溫柔，亦然。

* 廉貪敢愛敢恨也會主動追求；同陰機同則較軟弱，被騙想不開。陰同多暗示愛意，但不會主動，天機會主動。

* 同、陰比較不會拒絕別人，也易因而被人誤解玩弄感情。

而廉貪則喜歡將事情放置在一個模糊地帶，利用人性弱點。

* 天機因為孤獨所以希望得到慰藉，但因主浮動，所以易變心。

* 天梁只有在落陷逢桃時，才會主桃花，否則平日重綱

紀。

（廉貪入人倫宮注意雙親情況，一般主少，因心在外不在內，所以緣份亦薄。）

入福德：好忙碌，好享受。

入父母：緣薄。

入兄弟：兄弟只有一人。

入夫妻：感情不貞，亦離異。

入子女：子女不多，化厄無。

入事業：容易不安定，活動性事業較佳。

入財帛：橫發。

入田宅：＋桃花星，因色傾家。

家中置盆栽，或庭院植樹，能保吉慶。

入遷移：能憑交際手腕建立良好人際關係。

入朋友：喜歡交朋友，但諍友較少。

二十二、廉相

天相化廉貞浮動為聰穎，故和美，長袖善舞。

廉貞天相，紫府武曲必來會，所以也是權印、財庫俱全之格。

但因廉貞化囚、天相對宮一定破軍來沖，所以還是會有晚發之兆。

＋羊，則形成「刑囚司」，難免是非官符。

不喜昌曲同座，桃花性強，因色惹災，或性器疾病。

亦應注意「刑忌夾印」或「財蔭夾印」。

＋昌曲＋龍鳳，才藝過人。

＋火、刑，有自殺傾向。

- 廉相長袖善舞，應多利用這個特長。

（廉相因為桃花＋輔助，所以也有重親徵兆，一般感情和睦，但少。）

入福德：多福多壽，自得其樂。

入父母：和美。

入兄弟：少，但和美。

入夫妻：美滿，化祿因妻得財。

入子女：少，但和美。

入事業：中年過後愈做愈大。

入財帛：是活財，不可死守。

入田宅：中年以後置產。

入遷移：長袖善舞。

入朋友：朋友和美，有助益。

二十三、廉七

廉貞、七殺相制為用，和美，「雄宿乾元」格。

廉七雖化用，仍辛苦不免，並非安享現福。

雖相貌有威儀，但因相制，為人謙虛、謹慎，為律己甚嚴。

但內心仍多猜忌。

三方四正必為殺破狼＋廉武紫，衝勁十足。

但二者皆畏煞，故逢煞每多凶厄。

不見煞則為雄宿乾元格（不能化忌，廉貞畏忌），利武職。

煞重易殉職，亦不利遠行。

為人企圖心過高，追求備感辛苦。

喜見祿，補充能量運勢，並改變凶性。

廉貞七殺皆不喜見昌曲。

廉貞七殺皆不喜再見煞。

美工、裝潢、服裝、印刷、與金屬及美麗有關事業可，很能創新，風格大膽。

- 廉七雖以相互化用，但其創新大膽風格未變，可多用於創造新事物。

（廉七對人和睦，對自己人要求卻嚴格，入人倫宮，主管教嚴厲。）

入福德：有上進心，並有遠大企圖。

　　　　　＋陀，瑣事煩心。

入父母：對兒女要求嚴厲。故不易親密。

入兄弟：少，有相互競爭意味，但不主厄。

入夫妻：應多容忍，否則時有爭執。

入子女：一子。

入事業：＋羊，一生至少一次官非。

入財帛：能積富。

入田宅：自置產。

入遷移：外出揚名，煞重則路上埋屍。

文曲化忌受騙機會高。

入朋友：＋羊，受朋友拖累。

二十四、廉破

廉貞囚星，破軍耗星，故為囚耗交侵。

廉破被視為無情的結合。其實廉貞是感情星、破軍為理念在所不惜，都是感情星，但卯起來當然更翻臉無情。且因囚耗交侵，故有為求生存可以犧牲的想法。但內心並非麻木，故多痛苦。

廉、破廟旺確實會有事業第一、家人第二的想法，逢昌曲則反重家人感情，故每多掙扎痛苦。

三方四正必為殺破狼＋廉武紫，衝勁十足。

廉破幾是至壞之格，但廉貞化忌則成反格，主橫發。

逢昌曲亦成反格，可富貴。（絕處逢生！）

二者皆不喜見煞，＋煞，凶厄格，亦主自殺。

喜見祿，增加能量運勢，並改變凶性。

廉破未逢祿，為求理想而犧牲的烈士，逢祿則可為開國元勳。

• 廉破雖滿腹鬥志，但若命未座祿，應多忍耐，等待大限

之祿。

（囚耗交侵，六侵不美，多刑剋。）

入福德：勞心力、多慮。

入父母：刑剋。

入兄弟：有若無，成仇。

入夫妻：慎防破裂。

入子女：一人，剋重無，不美。

入事業：應多忍耐，等候時機。

入財帛：橫破。

入田宅：置產不急。

入遷移：＋羊，死於外道。

入朋友：＋煞，受累。

* 廉貞星系一般囚性較強，晚發，所以勿強出頭，步步為營，尤應注意六親關係。

* 廉貞星系當廉貞化忌時，即為反格，主橫發，但亦橫破。

多成多敗，以守為宜。

* 廉貞星系座夫妻宮，多喜漂亮之配偶，故婚後多有紛擾。

* 廉貞星系除廉貪外，其餘不主桃花，但若逢桃花，自必比其他星曜更容易發作。

* 武、破、七，逢昌曲不吉（有刑傷），但為人可變得斯文、懂禮。
  狼、廉逢昌曲桃花加重，且有生育系統疾病。
  紫逢昌曲桃花加重，遇煞惹災。

* 大凡刑重之星或星系（如：殺破狼、廉武紫）或飄泊孤離之星（如：梁、機梁、梁同），若逢煞重空聚再沖破，往往早年不順，或幼時多災。但若曾歷經九死一生之災，而鬼門逃生，或過房者，一生運勢又往往因而改變，應特別注意！

第二章 小星

一般論命不看小星，這不是好現象，甚至有學者主張廢除小星，真是駭人聽聞。主星如幹架、輔星如血肉、小星主細部，雖然主星、輔星便能鋪陳大樣，但骨幹血肉上不舖陳細部，彷彿人之不辨五官，怎能識人？又如脊髓上之小骨刺，雖細小如針頭，卻令人痛不欲生！更有甚者，有些主星遇到小星性質全變（如紫微逢空星反主僧侶）、有些小星單一性質更強過主星（如天姚桃花甚過廉貪），故不可不論。

壹、小星功能

1. 因小星所指細微，其所徵之細事，反而往往是主、輔星所不能及。如天機化忌再逢陰煞或天巫，鬼神之擾徵驗顯現（如光憑天機化忌是不能就敢斷是神鬼之擾）。又如忌煞過重，生病，又逢死、絕，往往惡化。

2. 主星涉指廣泛，小星所指專一，因其特性專一，往往徵驗較主、輔星強，譬如：天姚桃花尤勝廉貪月；咸池「桃花煞」更一針見血；主遷徙天馬更甚於日月七破（無馬

不能行）；主神仙術龍池鳳閣更勝於貪機梁、孤辰寡宿猶勝機梁、胎養生有利生兒育女……，所以小星焉能不看？

3. 主、輔、小星同時應用，更能集中事件發生的範圍。如廉貞、天相、擎羊，所謂「刑囚司」，頗有牢獄之災，但若再逢官府、官符，則跡象明顯！

小星有兩種，一種是所謂乙、丙級星，一種是流年星。

貳、乙、丙級星

十四飛星稱主星，七吉六煞四化等輔星稱甲級星，其餘列為乙、丙級星，並非乙、丙級星不重要，而是主星與輔星（甲級星）便能排出命盤的架構，所以乙、丙級星就受到忽略。

一、月系星

月系星中諸多星曜可用來解釋玄密的事物，如：因果、陰靈、陰宅、遺產、鬼神、風水等。

1. **天刑**：刑傷，＋羊更靈。

武星遇之，易有刑傷。

孤星遇之，六親孤剋轉為刑傷。

與太陽座，武貴掌生死大權。

＋天巫、陰煞，有時亦為玄密關係所引起。

2. **天姚**：斗數裡的最高桃花，主性關係。

吉者兩性合婚，厄者靈肉沉淪。

3. **天馬**：主身體移動，或搬家。

喜逢祿成祿馬，不喜加煞。

4. **解神**：解災之神。

尤能解鬼神之災。

5. **天巫**：主變，遇吉化吉，如遺產、陰德；

遇凶化凶，遇靈煞、折損陰德。

6. **天月**：天生體質不好，抵抗力差。縱使外表強壯，也外強中乾。

7. **陰煞**：霉晦氣，亦指被神鬼沖煞。

二、日系星

1. **三臺**：外出有利、風光，尤指舟車平安。

2. **八座**：同三臺。

   • 凡主動、飄泊、外出之星，皆喜逢三臺八座。

3. **恩光**：家有喜慶，如結婚、生育、科名、得獎。

   恩光亦為結婚，但未若紅鸞、天姚有感情的悸動。

4. **天貴**：出入近貴。

三、時系星

1. **臺輔**：職位顯榮。

2. **封誥**：晉升、封官。

   封誥＋文昌＋天機，第六感敏銳。臺輔亦有，但效果較弱。

   吉者，可學習神通。厄者，神經疾病、有幻覺。

• **因果星**：主玄密、因果、陰物的星有陰煞、天巫、臺輔、封誥。

   天使、天月天生體質不好，多少有因果關係。

   天刑如遇因果星，其傷害亦有因果成份。

   解神能解陰物所惹之災；息神亦可，但息神逢之，人也變得沒有朝氣。

四、年干係星

1. **天官**：太陽輔星，升遷運好。

2. **天福**：天同輔星，福星。

五、年支系星

1. **天哭**：氣背，每至傷心落淚。

2. **天虛**：氣弱，容易被欺負或自己出岔子。

   - 逢天哭、天虛，凡事以忍為宜，莫負氣強爭。

3. **龍池**：風雅之星，神仙術之翹楚。天府輔星。沖破耳疾。

4. **鳳閣**：同龍池。天相輔星。沖破牙疾。

   - 府相朝垣再逢龍鳳，一路青雲，再加做左右、祿，府相最高格局。但宜同座為佳。

   - 龍鳳同座入命宮，出入近貴、攀龍附鳳。

5. **紅鸞**：男女交往、主結婚。
   逢孤辰變孤鸞，不易成，強求必有傷痛；不把握機會又易錯失。

6. **天喜**：必在紅鸞對宮，亦主男女交往、結婚。

   - 三方四正逢夫妻宮與紅鸞、天喜、天姚，即為結婚

徵兆，不然也會有男女感情之情事發生。

7. **孤辰**：入六親，聚少離多，尤對男親不利。

8. **寡宿**：入六親，聚少離多，尤對女親不利。

　　・孤星，如：七、破、武、機、梁再逢孤寡，緣份其薄無比。建議聚少離多，以減少孤剋。

9. **蜚廉**：小人是非。

10. **破碎**：不圓滿。

11. **天才**：聰明。

12. **天壽**：主長輩添壽，或平輩年齡有差距。

　　入夫妻宮大小配（以長配為多）。

　　如夫妻宮不吉，但座天壽，而大小配者，往往無災。

13. **咸池**：即所謂之桃花煞。

參、流年星

　　流年星被忽略的程度更甚於乙、丙級星，雖然流年亦需架構在本命與大限之下，但流年星對大限、流年的影響，至少有一半以上。

一、五行長生十二星

　　長生十二星衍自五行，將人之一生，比喻為十二階段。

1. **胎**：事有醞釀之喜。逢之有懷孕跡兆。

2. **養**：事有成形之喜。逢之有孕育跡兆。

3. **長生**：事有開啟之喜。逢之有生產跡兆。幼輩逢之，能解夭。

   入夫妻宮，大小配（以小配為多）。

   凡夫妻宮不吉，座長生而大小配者，往往無災。

   ・ 子女宮逢胎、養、生，對子女之保育養護有利。

   ・ 三方四正逢子女宮、胎、養、生，為得子女之徵兆。

4. **沐浴**：亦為桃花，喜入夫妻宮。

5. **冠帶**：雖未成熟，但醞釀生機。喜入夫妻宮。

6. **臨官**：已漸漸成熟。有晉階喜慶。

7. **帝旺**：成熟旺盛。有日正當中喜慶。

8. **衰**：由盛轉衰。

9. **病**：以往累積之病灶，全露出來。

10. **死**：凡事不吉。

11. **墓**：事無所成。

12. **絕**：走到絕途。

二、太歲十二將神

太歲星在天上十二宮位的吉凶，每年變動。

1. **太歲**（建歲）：萬事小心。

2. **太陽**（晦氣）：運氣不好。父親（夫、子）容易有事。
   或得罪男性長輩。

3. **喪門**：家人應防有人不適惡化。
   勿入喪家，否則應做防護措施。
   妻子受到驚嚇。

4. **太陰**（貫索）：獄災。母親（妻、女）容易有事。
   或得罪女性長輩。

5. **官府**：官司。

6. **死符**（小耗）：死氣沉沉。

7. **歲破**（大耗）：耗損破敗。

8. **龍德**：趨吉避凶，為善能積德。

9. **白虎**：刑傷，剋女性親屬，或得罪女性惹麻煩。

10. **福德**（天德）：化吉，能制桃花，為善能積德。

11. **弔客**：同喪門。

12. **病府**：有病。

三、博士十二將神

文事的十二階段變化。除了流年參照外，亦可輔助判斷主星發生事件到底為何。如：太陰一般易有才華，如同座奏書，則文筆很好。

1. **博士**：有科名。

2. **力士**：有得力貴人。

3. **青龍**：刑傷，剋男性親屬，或得罪男性惹麻煩。

4. **小耗**：有不順，尚有解。

5. **將軍**（將星）：顯貴，為儒將。

6. **奏書**：近貴。文筆好。

7. **飛廉**：小人是非。

8. **喜神**：化解凶惡。

9. **病符**：身體違和。

10. **大耗**：耗損破敗。

11. **伏兵**：遭人暗中攻擊、中傷、放暗箭。

12. **官符**：官司是非。

四、將軍十二星（三年流年星）

　　武事的十二階段變化。除了流年需參照外，亦可用來輔助判斷主星發生事件到底屬於何事，如夾羊陀，座劫煞，則屬於劫竊盜騙較多；座災煞，則可能為人禍較多。

1. **將軍**：將軍武貴。

2. **攀鞍**：外出良好。

　　天馬、驛馬＋攀鞍，更佳。

3. **歲驛**：有遷動徵兆。

4. **息神**：化解厄氣，但人亦會變得較無生氣。

5. **華蓋**：有出世思想，謀略文章好。

　　遇煞為霉運，一般稱為「走華蓋運」。

6. **劫煞**：個人被劫、竊、盜、騙等。

7. **災煞**：人為意外災害，如：車禍、翻舟、飛機故障。

8. **天煞**：天上意外災害，如：雷、電、雨、雹、颱等。
   天亦主父與夫，亦主剋父、夫。

9. **月煞**：地上意外災害，如：山林險惡、河流洪水、叢原野獸。
   月亦主母、妻，亦主剋母、妻。

10. **指背**：遭誹謗。

11. **咸池**：桃花。

12. **亡神**：耗敗。

第三章

宮干四化

　　生年四化是以生年天干來四化，但十二宮位每個宮位也都可以宮干自化，譬如命宮或大小限宮甲子宮，該宮便可自化廉破武陽，其餘宮位亦同。因為十二祿命宮都能自化，而相互射入，所以原本單純只以生年來四化的命盤，頓時便千變萬化起來。

壹、十二宮干自化

一、生年四化與宮干四化差異

　　生年四化是今年生的人大家都一樣的，譬如壬年生的人，大家都武曲化忌，無一例外。武曲化忌嚴重會破業及破財，但命宮、財帛宮、事業宮，任一宮三方四正要逢到武曲化忌的機會是 50%，如果連相夾也算的話，便是 100%，因此，我們不能說，壬年生的人都破業、破財，因為普同性太高了。

　　因為生年四化有太高的普同性，因此，我們必須讓命盤呈現差異出來，才能判斷運勢，而這時宮干自化便顯現出它

的功能出來。

二、宮干四化的影響

因為十二祿命宮都能自化，所以譬如問財帛，不能只看生年四化對財帛宮的影響，財帛宮宮干自化，亦為絕對需要之驗證過程。其餘各宮同。

此外，財帛宮宮干自化，對其他十一宮也都有影響，父母宮宮干自化對其他十一宮也都有影響……，凡此種種，十二宮位自化對十二宮都有影響，故共有一百四十四道驗證手續。雖然手續繁多，但其理相同，所以只要琢磨幾遍，便一通全通了，不過其中還是以本宮自化對自己的影響最重要。

宮干自化和生年四化要搭配使用，才能提高紫微論命的準確度，譬如某人生年四化父母宮逢忌，如因此就要斷人親子關係不良，未免太過武斷，但如果此時父母宮又自化忌，則就可以合理假設親子關係是不良的。但倘使此時父母宮有科祿等自化，則關係是可大幅改善的，刑剋情況當然也大幅避免。

又如某人命盤左看右看都不會念書，可是成績雖然平平

卻還是念到不錯的學歷，查其原因，多是有化科沖入命宮，但沒被發現。反之也是一樣，有人成績不錯，考運卻特別差，也應該都是有文星化忌沖命宮所致。

　　所以宮干自化雖沒在命盤裡顯現出來，但它就像一條不見形的繩子一樣，在操弄命運，所以要把它找出來，不能因為它沒在命盤裡顯現出來，就將它忽略。

貳、各星自化徵驗

　　四化是中斗的主星，所以是獨立的星體，但在紫微斗數上，因為沒有安中斗星曜，所以只好藉十五顆星（十一主星＋昌曲左右）化生。雖然如此，但並不妨礙它們為獨立主星的特性，所以在十二宮裡，四化有它自己的廟旺落陷，與它的母星是誰，以及母星的旺陷無關，因此我們必須以四顆主星的態度來看它，而非它是某某子星的態度來看它，這是很重要的觀念。

　　以往，我們總是將四化當成特別徵驗，譬如遇到化科祿權是吉，遇化忌是凶，但基於上述觀念，今後我們必須將四化當成一顆星來看，它也受三方四正的影響，而非只有它去影響別人。

　　但目前坊間的觀念並不如此，一般以為雖然同為化權，但母星不同，解釋亦會有異。如：太陽化權，與太陰化權，太陽原本主權貴，化權大吉，事業可崢嶸；而太陰主富，化權雖亦有晉升、當主管的效用，但母星不具權性，化權作用當然就小了，而太陰亦有文曜性質，化權則才華被肯定得而發揮。

　　因為目前坊間觀念尚未改過來，所以作者仍列出下列各星四化的效果，以供讀者自行參考。

一、紫微

　　化科：帝星化科，威權為人所欽佩敬仰，可教化四方。

　　化權：權星化權，雖吉但易更固執，易成雙權化忌。

二、天機

　　化祿：投資、副業、流通有利、可積陰德。

　　化權：善用文韜武略為自己奠定權力。

　　化科：科考、發明、專利、證照吉。

　　化忌：天機本質不夠穩定，逢忌大厄。

　　神經、思想、交通、六親有損。

疾病惡化、變動耗壞。

易有鬼神之事，應注意風水。

三、太陽

化祿：貴星化祿只主富足，但增加事業運勢。

化權：可掌實權，但防專擅。

化忌：太陽化忌為蝕，大不利。

有損六親、頭胎、對財宅宮祿皆不利。

四、武曲

化祿：財星化祿財通三將，但防看錢太重。

化權：將星化權掌實權，但防固執。

化科：聲望高、有頭銜，但防喜排場面、好風華。

化忌：孤星逢忌大不利。

對六親、財官田宅皆大不利。

五、天同

化祿：福星化祿福澤更厚，但防更懶、變很胖。

化權：權力鞏固，不易被鬥倒，受更高階級支持。

化忌：福星化忌激發潛能反為吉，但辛苦不免。

六、廉貞

化祿：可解囚性，但桃花增重。

化忌：囚星化忌大不利，任何事都有更為惡化的徵兆。

七、太陰

化祿：財星化祿，財通三江。

化權：可為幕僚長、儒將、才學泰斗。

化科：科名大吉、感情濃密，易有助財運。

化忌：感情、文書、錢財出問題。

八、貪狼

化祿：偏財運奇佳，添壽、解凶厄，但桃花增加。

化權：可掌權，但防運用職務投機、接近異性。

化忌：性慾過強傷身、感情困擾。

九、巨門

化權：講話有說服力，說服型、煽動型主管。

化祿：有口福、靠嘴巴之行業可發達。

化忌：暗星化忌大不利，又易惹是非。

十、天梁

化祿：宗教星不喜化祿，易因錢財惹是非。
能積陰德。

化權：不是威嚇的權，而是長輩般督促的權。

化科：科考有利、德傳四海。

十一、破軍

化祿：解破軍之耗，增加征戰能量，大吉。

化權：防過份執著冒險。

十二、文昌

化科：化科中主科考最吉者。感情濃密。

化忌：科考、感情、文書、情緒、契約、錢財大不利。

十三、文曲

化科：科考大吉。感情濃密。

化忌：科考、感情、文書、情緒、契約、錢財大不利。

十四、左輔

化科：科考大吉、有貴人出現。

十五、右弼

化科：科考大吉、有貴人出現。

第四章 **大限**

　　大限有三個問題必須探討，一是大限——運勢，跟本命，誰影響力較大？二是大限命盤，亦即流運的「人盤」如何運用？三是大限流運宮位與祿命宮位是相同的，譬如第三個大限是夫妻宮，也是二十至三十餘歲的十年運，那是否意味夫妻宮運等於第三個大限運？（其餘亦同）

壹、多層次循環

　　本命、大限、流年絕非獨立運行，所以觀大限流年不能只觀流運宮位與星曜，亦必本命、大限、流年齊觀。

　　本命是人的格局，影響人一輩子，如武七未逢祿，英雄末路，但大限逢祿了，就變成英雄末路逢貴人，自然有十年的好光景。

　　同樣，命逢昌鈴武，未逢陀，未構成昌鈴陀武格，但大限流年逢到陀，就構成了，那這十（流）年，就要防災害。

　　有人慣以本命佔三分之一力量、大限佔三分一力量、

小限佔三分之一力量解釋格局，這是不對的。亦有人以命格為主，再參照大限、流年為輔，也是不對的。斗數是活的，應該要注意的是本命、大限、流年三次元星系的籠罩現象才是。譬如前例：本命武七未逢祿，大限卻逢雙祿，比本命武七逢單祿，卻大限流年未逢祿者有十年好光景。

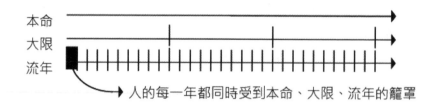

貳、大限命盤

　　大限除看本命生年四化、命宮宮干自化對其影響外，還需看大限宮位的宮干四化，如：這十年大限在甲子宮，甲干四化為廉破武陽，這就是大限的宮干自化。另外，大限所在為這十年的命宮，其餘則依原本命盤的兄弟、夫妻……等「反順序」轉動。

　　因此，大限實則也是一張活生生的命盤，因而中州派才稱大限、流年的命盤是「人盤」，是三盤之一。但如此單看

十年大限命盤，不考慮本命與其他大限連貫的配合因素，是為「縱剖面」看法，只能得到單一的觀察，而非全面、縱貫的看法。因此，本命、每個大限、每個小限、流年連貫觀察，稱「橫剖面」看法，才能得到全面的答案。

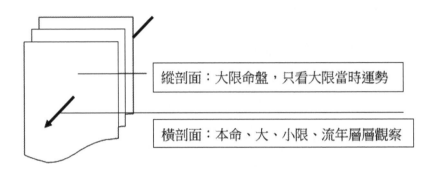

縱剖面：大限命盤，只看大限當時運勢

橫剖面：本命、大、小限、流年層層觀察

參、祿命宮與大限宮

大限流運宮位與祿命宮位是相同的，譬如第三個大限是夫妻宮，也約略是二十至三十餘歲的十年運，不但如此，它們連宮干四化也一樣，但夫妻宮運當然不等於這十年大限運，我們應該如何分辨何者是祿命宮位的運勢？何者是大限流運宮位的運勢？而答案就是在一般人最忽略的小星：「流年星」上！

本命幾乎以主星與甲、乙級輔星為主，不用考慮流年

星；但大、小限與流年卻和主輔星、流年星同樣重要，大、小限與流年都不能摒棄主星的影響，因為如前所言，人的一生一直受本命的影響。因此，有些派別純以流年星來看大小限、流年，就類似犯了前面提到的「縱剖面」觀察的錯誤，這樣會忽略本命對流運的影響。

關於流年星曜請參考下一章。

第五章 流運

流運有大限、小限、流年、流月（斗君）、流日時。

流年與小限都看一年運，但二者宮位並不見得一樣。流年就是子年流年在子宮、丑年流年在丑宮……，流年以該年四化為流年四化，如該年甲子年，則四化為甲廉破武陽。所以流年的宮位與四化是今年大家都一樣的。

小限則是依命盤不同，每人有不同的小限宮位與四化。小限除每年更換宮位外，其餘「人盤」觀念與上述大限觀念幾乎一樣，故不贅述，今專述流年、流月與流日時。

壹、流年

流年大家都一樣，譬如今年甲子年，那子宮位就是流年宮位，而甲年四化廉破武陽也大家都一樣，因此有高度的普同性，再加上紫微命盤只有十二式，對宮相同再簡化為六式，這個普同就更明顯了。因此，除了流年四化外，流年宮位自化，便變成了產生差異的重要因素！而流年四化，和流年宮位自化，有什麼不一樣？

一、流年四化主大環境影響

　　一般說來，流年四化是該年大家共同的徵驗，所以年干四化是大環境或自然界對人的影響，所以大家才會有一樣的四化與較高的同質性。如該年實施新制度（如：新教科書、新入學方案、新財經政策）或有特殊事件（如：天災人禍、聖嬰年、哈雷年）。

　　如西元一九九八年，該年是聖嬰年，天機化忌，天機主不穩定，在自然界主天候，化忌會因不穩定造成情況惡化釀成災難，所以自然溫度失調不定、降雨乾旱異常，同時諸多產業發生危機，全球性金融風暴，許多人確實在這種風波中，同時受到波及。

　　又如西元二○○○年，歲次庚辰，天同化忌（一說天相化忌），會受到衝擊而變更，該年臺灣總統大選變天，同時有諸多人要受到大環境新政策的影響。

二、宮干自化是個人獨立事件

　　人同時受大環境與個人因素的影響，流年四化是該年大家一致的徵驗，有較高的同質性，所以主大環境對人的影響，而宮干自化（流年宮干、命宮宮干、大限宮干、小限宮

干）則主自己的運勢走向。個人宮干不同，宮干自化後，差異便產生出來了。

三、流年星曜

看流運，流年星曜的重要性與主星相同，所以不可忽略！流年星曜有：

1. 流祿、流羊、流陀；流昌、流曲；
2. 流年年干四化；流年宮干自化；
3. 太歲十二星；
4. 博士十二星；
5. 將軍十二星；
6. 長生十二星（是本命星，也是流年星）。

四、小限與流年

因為看每年運勢有小限、流年兩種看法，所以終究誰準確？說法也有很多種，一般而言，流年、小限會處在三方四正或相夾的位置，所以解釋起來不管用流年或小限，多少有相似之處，但因座宮終究不盡相同，所以還是有差異，我一向主張多種資訊應同參獲得更多交集為最佳，而非單取一項

為權威。

譬如：流年或小限出現桃花化忌欲斷人有桃花困擾未免過於心虛，但若同時桃花化忌，則十之八九。

貳、流月（斗君）、流日時

用「斗君法」取得流月所在後，便可再取得流日與流時，算命法與流年一樣。雖然理論上，我們可以算到月、日、時，但在實際上，不管紫微斗數是一種經驗法則或統計結果，它都有一個信賴區間，並且有若干比例的誤差。一般而言，預測大區間誤差會較小，預測小區間誤差會較大，譬如預測當年會有水災、當月會有水災、當日會有水災、當時辰會有水災，當然以大區間準確度較高，所以預測日、時的誤差會較大，只能僅供參考。

第六章　特別徵驗法則全彙

一、古賦徵驗法則

斗數運用最廣的是星曜組合後的徵驗法則，如：「日月科祿丑宮中，可以判為方伯公」等（詳見〈骨髓賦〉、〈太微賦〉、〈形性賦〉……等）。

但斗數裡的徵驗公式都是形容詞，不能盡用！

如：昌陷奴僕顏回夭；文桂文華貴九重（〈骨髓賦〉）。文昌落陷就非僕即夭，廟旺就富貴齊天，只是形容文昌落陷不好，廟旺好而已。

同樣的，諸如火貪、羊同等馬頭帶箭邊疆立功，都只是形容主星受到激發不再貪玩、懶散，且因本身能解厄，所以頗適合外出創造事業，而非真的就是要做武職，當然更不一定會做將軍，這也要三方四正配合得宜才行。

此外，一般古賦裡的徵驗法則多只有主星與輔星，事實上小星能增加徵驗的細度。

如：文昌＋封皓＋天機，容易有神通感應，如果化吉能

有敏銳的第六感，學習神祕學也頗為天份，但化厄則亦為陰物所煞，或神經出問題。

又如羊陀火鈴易出意外，但什麼意外？如果配合小星，則能更明確指出事件的性質，如逢官府，則為訴訟或鬧到眾人皆知的爭執；如果劫煞，就有被盜竊劫騙之虞，如果災煞，就有人為的人禍。

壹、最新星曜徵驗

古賦裡有多種驗證格局，在此提出一些較新或較冷門的格局，但經驗證，效果不錯，值得參考。

1. 太陰＋火＋桃花星，隨母重拜或姑子歸宗（子女歸予母方）。
2. 武曲同座祿存（夾羊陀），二姓延生，否則與父母刑剋重。
3. 武忌＋廉忌，凶惡可能致死。
4. 武、七、破＋昌、曲，帶病延生（文昌較凶）。
5. 武曲＋羊刑，刑傷重。
6. 天梁＋羊刑，刑傷重。
7. 廉相羊，形成「刑囚司」，牢獄之災。

8. 廉貞囚星，再化忌多有官非，再逢官府（符）大不利。

9. 廉相＋火刑，易尋短。

10. 火＋紫或府或貪，小心住家火災。

11. 七殺＋絕，易尋短。

12. 七殺＋生，屠宰業。

13. 田宅宮座陰煞、天巫，應注意風水。如父母、福德宮又有因果星，注意祖先陰宅出問題。

14. 文昌＋天姚，桃花過重，生殖系統易出問題。

15. 命宮、福德宮有月系星或文昌＋封誥（＋天機尤然）有神通感應。

16. 昌鈴陀武是厄格，昌鈴陀狼也是厄格，尤主刑傷，女性尤主婦女病開刀。昌鈴＋狼效應就會發生了。

17. 命宮或福德宮座因果星或喪門、弔客者，參加喪送、探病，應有防護措施（如：攜帶紅包，內置榕葉或艾草，或帶平安符），路遇喪禮、喪隊、意外現場莫圍觀。

18. 解神可解諸神祕事物之糾纏。

19. 命宮、遷移宮座刑傷較重之星，或月煞、天煞、災煞、劫煞，可投保保險。

20. 咸池是桃花煞，逢厄莫以為豔遇。

21. 昌曲＋華蓋，思想帶禪；昌曲＋奏書，妙筆生花。

22. 命宮、疾厄宮座天使、天月、病符、病府體質不良。

23. 疾厄宮空星、大耗、小耗、歲耗、歲破、天使、天月太多，氣血虛弱，應補身子，女性懷孕前應調足氣血。

24. 天馬＋鞍星、三臺八座，保舟車平安，遷徙星曜最喜逢之。

25. 擎羊＋力士，亦被權貴陷害。

26. 命宮座息神＋空星，為人沒有朝氣；福德宮座之，沒有鬥志。

27. 貪狼、廉貞＋桃花星，喜風流，多有紛爭。

28. 太陰、天同＋桃花星，感情豐富，易受引誘。

29. 漂亮星：

　　天姚、紅鸞、太陰、文昌，能吸引異性愛慕。

　　天同、龍鳳、天越，能吸引異性歡喜。

　　小星、輔星斷人相貌尤勝於主星。

30. 空星＋華蓋，每有出世想法。

31. 將星（軍）＋天馬，外出發展佳。

32. 太陰落陷＋貫索，女性親屬易有傷，或因女性惹災（月煞同）。

33. 太陽落陷＋晦氣，男性親屬易有傷，或因男性惹災（天煞同）。

34. 恩光小化科，化吉亦以化科論。

結婚亦可看恩光，但沒有紅鸞、天姚來得有情愫衝動。

貳、反正格局

本來不好的，因為物極必反，反有否極泰來的運勢。

1. 巨門對宮天同（必座天羅地網）＋文昌化忌。

2. 廉破，廉貞化忌。

3. 廉破逢昌曲。

4. 日月反背。

5. 七殺、破軍逢祿。

6. 武曲七殺逢祿，英雄末路逢貴人。

7. 武曲破軍逢祿。

8. 火羊皆旺、火鈴皆旺、鈴羊皆旺。

   • 以上反正格局仍辛苦不免，雖有橫發格局，不主不
   會橫破。

9. 廉貞獨座反主清白。

10. 貪狼逢空星、天刑反主清白。

參、單親格局

只有一子、一兄弟、一尊親。縱使逢吉，亦主非常稀少，逢煞，可能全無。

1. 機巨（孤暗）。
2. 紫府（貴氣過重）。
3. 廉貞（化囚）。
4. 廉破（囚耗交侵）。
5. 廉貪（泛水成災）。
6. 廉七（化用仍孤）。
   - 其餘廉貞星系，亦主非常稀少，化厄亦可能只有一個或無。
7. 七殺（殺氣過重）。
8. 武七（兩孤寡將）。
9. 武破（孤星逢破）。

肆、先祀格局

以下格局，如久婚不孕，可先祀子（認養、正式認契子），則得子機會增加。

1. 太陰落陷座子女宮。

2. 貪狼＋桃花星。

3. 天相星系座子女宮。

4. 天梁座子女宮。

5. 七殺座子女宮。

6. 破軍座子女宮。

7. 子女宮無主星，座左右單星、桃花。

伍、先生女格局

1. 子女宮座太陰＋桃花星。

2. 子女宮座貪狼＋桃花星。

3. 子女宮座廉貪＋桃花星。

4. 天梁座子女宮。

5. 七殺、破軍最好第一胎生女，否則長子刑剋。

- 生男生女需夫婦合參準確度較高。據驗證，以上格局多有應驗，但亦有第一胎生男者，唯多有暗疾。解厄之道為非常正式的認一契女。所謂正式即需儀式、見面禮，並至少供養前三個月水米。

陸、親家不和

1. 夫妻宮座日月。
2. 夫妻宮座日巨。

柒、福蔭三代

1. 巨日化吉。
2. 日梁化吉。

捌、弱智或精神耗弱

1. 同陰化厄。
2. 同梁化厄。
3. 天機化忌化厄。
4. 天機＋封誥＋文昌，並化厄。
5. 機巨化忌，化厄。
6. 機陰化忌，化厄。

玖、過房

1. 天機＋桃花星＋馬。
2. 機月＋桃花星。
3. 桃花星＋左右＋祿過重。

拾、離宗

1. 命宮機梁化厄，父母宮又化厄。
2. 命宮無主星，單座左右，父母宮又化厄。

   • 煞忌過重，斗數會建議過房延生，但現代人不喜離宗、將兒女過繼給別人，則可正式給神明做契子、拜養父母（需有正式儀式）、皈依佛門（非出家）、基督教受洗等來嘗試替代。如果正式出家、入贅、冠夫姓則算離宗。

拾壹、財運

1. 財星化祿（武曲、天府、太陰），有正財也有偏財。
2. 財星化科，雖不主直接進財，但可開財源。
3. 財星化忌正財、偏財皆不利，防大金額損失。
4. 權星（紫微、太陽）化祿，主富足，不主大富。
5. 權星化忌入財帛宮，意外失財，金額不少。

6. 祿存不主偏財，投機會損失（夾羊陀），應重積蓄。

7. 化祿主活財，視母星與三方四正決定額度大小。

8. 貪狼、天機主偏財（天機化忌防投機橫破）。

9. 七殺、破軍、四煞有偏財，但亦主破財，橫發橫破。

10. 天梁不能碰財。

拾貳、職業異動

　　一般喜以逢殺破狼做為職業異動（跳槽、調動、升遷、挖角……）等之跡兆，其實不然，各種跡兆皆有可能造成職業異動，只是性質不同。逢殺破狼當事人心有思變之衝動；其他格局或為他人主動徵詢挖角，或為時機成熟水到渠成，皆可能造成異動。

　　如：座殺、座紫：重新開創的格局。

　　座破，座府、座同，座同羊：在原有格局汰舊換新。

　　座狼，座廉、座月、座巨：透過介紹，或時機成熟。

　　座權、座紫、座陽：因為能掌握到權力而變動。

　　座科、座相：因為可以有更高職位頭銜而變動。

　　座祿、座府、座月、座武、座相：因為有更高的俸祿而異動。

座昌梁陽祿：別人以更優渥的條件挖角。

座火（鈴）貪、火羊、火鈴、鈴羊：突然改變（非計畫性的）。

座機、梁、巨：原工作不耐煩，另謀新環境。

座文星化吉，才能受肯定被提升、挖角。

第七章　星曜與疾病

壹、主星疾病徵驗

1. 紫微：

座命：沖破精神、心臟有問題。

座疾：脾胃、胸氣。

　　　　＋桃花星：性疾病。

　　　　＋擎羊：包皮過長。

　　　　＋火星：皮膚病、風濕。

2. 天機

座命：化忌主感情過敏、精神疾病。

　　　　＋火，腦神經血管出問題。

　　　　手腳。

座疾：肝膽、神經衰弱、內分泌、四肢、風濕。

　　　　＋桃花星，婦女病。

3. 太陽

座命：心臟、眼睛。

座疾：血壓、火氣大、痔瘡、頭風。

4. 武曲

座疾：肺及呼吸系統。外傷。

5. 天同

座命：少疾病，小心過胖。

座疾：泌尿、甲狀腺、疝氣、耳朵。

6. 廉貞：

座命：煞忌過重濃血之災、婦女病。

心火躁急，遇病容易惡化（畏煞）。

座疾：過敏體質、陰虧、性疾病、心火躁急。

7. 天府

座命：少疾病。沖破則怕過胖、過瘦、腸胃不良。

座疾：膽胃。

8. 太陰

座疾：陰水過旺，引發腸胃、陰虛、痰水。

　　　　＋火鈴，眼疾。

9. 貪狼

座疾：少疾病。關節炎、神經痛。

　　　　內分泌失調、化忌手淫過度。

　　　　女性子宮不正，婦女病。

　　　　逢煞有痔瘡。

10. 巨門

座命：骨頭。

座疾：脾、胃癌、食道癌、咽喉、肺，易轉壞。

11. 天相

座疾：少疾病。泌尿、皮膚、偏頭痛、神經痛、水腫。

　　　　＋羊陀，頭面有疤。

12. 天梁

座疾：少疾病。皮、胃、乳房，可轉好。

　　　　＋煞，心臟、血液、中風。

13. 七殺

座命：幼年多災。

座疾：呼吸系統，鼻竇炎。

　　　　＋火，目疾。

　　　　＋龍鳳，耳。

　　　　＋鳳閣，牙齒。

　　　　外傷、神經痛。

14. 破軍

座命：年幼多膿血之災、泌尿系統。

座疾：夢遺、月事不順、腺病，皮膚腫囊。四肢刑傷。

貳、星系疾病徵驗

1. 紫破：

性疾病。

＋羊陀，心臟血管。

2. 紫府：

消化系統，見武忌更嚴重。

3. 紫貪：

糖尿病。

男：性器疾病、陽虧。

女：子宮不正、子宮太冷。

4. 紫相：

座命：皮膚過敏、尿道結石。

座疾：胸悶氣脹，嘔吐反胃（消化腺問題）。

5. 紫七：

腸胃不適，內分泌。

6. 武府：

小心溺水。

7. 武相：

破相、爛瘡、植皮、小腸。

8. 武七：

＋火，小兒麻痺。

9. 武貪：

少疾病。痔瘡、腎虧。

10. 武破：

破相、牙周病、呼吸系統、腫瘤、血癌。

11. 廉府：

廉忌，胃出血。

12. 廉相：

尿道、輸精管、輸尿管、糖尿病。

＋桃花星煞，性病或性器官疾病。

13. 廉破：

呼吸系統、結石、外傷。

14. 廉七：

癆病、咳血、脊髓骨、糖尿病。

15. 廉貪：

肝、胃氣痛。惡性腫瘤。

女：貧血、陰虛虧損、血崩。

男：遺精、陽痿。

16. 陰機：

神經系統、內分泌。

＋祿，子宮暗疾。

皮膚病、痔瘡。

17. 陰同：

氣虛、眼睛、泌尿（水過多）。

18. 同巨：

座命：胸悶氣結。

座疾：座骨神經（骨刺或贅骨引起）、

腰腿肌肉、膿血、

濕瘡、呼吸器官。

19. 同梁：

肝、泌尿、疝氣、痔瘡、心氣痛、心肌栓塞。

20. 機巨：

肝胃、多氣心悶、神經系統。

21. 機梁：

盲腸。＋火鈴：乳胃癌。下部疾病。

22. 陽梁：

中風、乳胃癌、內分泌。

23. 陽陰：

心、頭、失眠、心腎不交。破傷風。

24. 陽巨：

血壓、頭昏痛、眼、虛火上升、過敏症。

參、輔星疾病徵驗

1. **文昌**：大腸、肝膽、肺、大腦。

2. **文曲**：上熱下寒，斑、痣。

3. **左輔**：腸胃氣躁。

4. **右弼**：心氣冷。經血不足。

5. **祿存**：少年就有病，四肢、胃腸、水腫、暗疾。

6. **擎羊**：頭、眼歪斜、血光、腹、肺。

7. **陀羅**：肺病吐血、白癬、骨頭痠痛、外傷。

   中樞神經、脊髓引發神經及骨頭問題。

8. **鈴星**：頭、眼、皮膚病。

9. **火星**：顏面神經麻痹、濕毒皮膚病。

10. **天魁**：皮膚（火氣引起）、急躁。

11. **天越**：脾胃、大小腸、肺。

12. **化祿**：脾胃。

13. **化權**：肝膽、神經。

14. **化科**：泌尿。

15. **化忌**：性疾病。

肆、小星疾病徵驗

1. **天傷**：腰腿。

2. **天使**：肺、遺精、失神。

3. **天馬**：四肢、自慰過度、心臟。

4. **紅鸞**：上熱下冷。

5. **天喜**：肺、頭。

6. **天姚**：性疾病。

7. **天刑**：肺、流行病、開刀。

8. **三臺**：脾胃、瘤。

9. **八座**：皮膚病。

10. **龍池**：耳朵、眼、腰腿痛。

11. **鳳閣**：牙齒、脾胃。

12. **天才**：肝。

13. **天壽**：腸胃。

14 **天空**：頭、冷症。

15. **地空**：虛火上升、氣血不調。

16. **地劫**：眼、胃、四肢、頭暈眼花。

17. **天哭**：脾、肺、腸胃、貧血。

18. **天虛**：心臟。

19. **天貴**：腸胃、肺。

20. **天官**：皮膚病。

21. **華蓋**：肝、頭痛。

22. **各種桃花星**：吐血、便血、性疾病。

第八章 進階批命技巧

　　若只憑生年四化、十四主星、二十四星系、七吉、六煞，飛躔十二宮、三方四正就欲判斷個人事件，將會有諸多盲點，下列推算原則，應同時運用。

壹、廣角交集法

　　斗數推算方法不只前述技術，如果可以用更多方法獲得更多資訊，自然就有愈明顯的集中趨勢，也有越明顯的差異，此時出現的徵候自然可性度提高。

一、命宮宮干自化

　　生年四化對同一年生的人同質性太高，所以命宮宮干自化是絕對與生年四化同樣重要的指標。譬如：生年四化命宮未逢科祿權，但命宮宮干自化三奇，則一樣大有可為。

二、各宮自化

生年四化或命干自化對十二宮當然有影響，但其餘各宮的自化亦不能忽略，否則會過於遷就命宮單一的影響，而忽略宮位自己的特別徵候。如：本命化忌在父母宮，但父母宮自化祿，則情況就改善許多了，但如父母宮又自化忌，就可以判斷有問題。

三、多宮合參

看個性不能只看命宮，看父母不能只看父母宮，皆需相關多宮合照起來，獲得一個綜合後才能做判斷。

譬如：命宮、福德合參，判斷人的運勢、個性、特徵方能準確。又如：先參本命、福德是否孤寡，再參照六親宮孤寡，則斷六親緣份就能準確。

又如：判斷命宮、事業宮、財帛宮的特性，再來建議適合的職業，最能考慮周全。

又如：看人際關係，則遷移、朋友宮都需同看。

看疾厄亦然，除了疾厄宮，命宮也能顯現病兆。

財運不能只看財帛宮，田宅宮是財帛最後的流向，財帛是田宅的先備，所以必須同看，才能做完整的理財規劃。

四、小星組合

小星有時不能獨當一面，有時可以，但小星對於徵候可信度的加強，絕對不容置疑！

譬如，只逢擎羊即要斷人有血光，難免要常常出錯，但如再逢天刑可信度就大增了。

又如天馬，一般只講祿馬或四煞＋天馬的效應，但如果天馬＋鞍星，則舟車平安，其他如三臺八座也能保舟車平安，善用小星能使徵候更加明確。

五、多層次

命盤一般有三個層次（本命、大限、流年），所以有多重交集。譬如：昌鈴陀武是一個厄格，本命逢之，就有危險徵候，大限、流年再逢之，就十分危險了！

但如本命只逢昌鈴陀武的兩個或三個，雖未構成全格，但大限、流年聯集成全格，則需小心意外（視本命是否帶其他刑傷星曜，再來判斷嚴重性）。

所以應該注意三個層次構成的多次元星系交躔、聯集、交集的情形，而非只單一的看本命、大限、流年。

貳、運勢三理論

　　事件並非單獨發生的，它必有前因、後果，後果又變成因，所以它並非「獨立事件」，而是如江水一樣波蕩相連的「連續事件」，因此命學應建立三個觀念，才能有效討論事件發生的來龍去脈，進而加以掌握它們的前因後果與各種變化。它們便是因果關係、時間差序列與連鎖效應。

一、因果關係

　　因果關係強調的是事件的發生必有其因果連貫性，而非單一事件。

　　譬如，今年逢雙忌，恐有災厄，但今年的災厄並不一定是今年造成的，有可能是多年前所隱埋下來的。同樣，今年雙忌也不見得一定發生問題，但今年種下的果，可能要在日後承擔。事件要追尋的便是這種前後因果連貫性。

　　實例：某君近年事業十分得意，但有鑽法律漏洞的行為。某年該君準備跳槽，但因該年流年雙忌，故告知小心為宜。後該君跳槽，不久新公司即觸法遭關閉，而該君在舊公司鑽法律漏洞之事亦穿幫。故其今年不管跳不跳槽都一樣難

逃法網，但今年的雙忌卻是前幾年留下來的果。

所以流年不能只看單年，而應前後大限、前後幾年皆需同參，才能有準確的行為規劃，否則今年運強大筆挹注，明年運弱後繼無力就損失不貲了。

二、時間差序列

時間差序列要探討的是靈動發生與實際發生的時間差，所造成的一連串不同結果。

譬如，中國人有年終獎金的習慣，所以有人便想拖到領到年終再離職，而這種因為時間遞延而產生的效果，都會破壞原來命理預測的時間準確性，甚至破壞原有的靈動力量，如過完年又碰到一個弱勢的格局，使原先規劃好的案子又心生遲疑而放棄或時空改變而生變。

又如：一般公司的制度是春節前公佈人事令，所以次年晉升的事提早在今年底發生，或今年應該發生的事一直拖到年底才發生。

所以靈動的發生往往會因人事制度、個人行為、行動早晚而提前或宕延，乃至消失，所以改變了往後的發展。

實例：某君當年大限、流年皆三奇，運勢極佳，年初即被傳為即將晉升，年中又與高階主管面談告知即將晉升，但因公司人事令乃在年終公佈，所以遲遲未發，期間多家公司欲挖角，但該君皆以為在本公司晉升即可。誰知近年終時，因突發事故，該君於春節前離職，經查，新年雙忌。這就是時間遞延所發生的效應，非但沒有晉升，最後還離職。

為了防止時間差效應變成不好的影響，如果發現後續運勢不佳，即應衡量局勢提早佔缺或以靜制動，以免最後萬般皆空。

三、連鎖效應

連鎖效應要談的是倍數效果。譬如：要存第一個一百萬很困難，但要存第二個一百萬就簡單多了，因為有了基礎之後，就會有倍數效果。

舉例：甲君連續三年逢祿，第一年時即積極投入，三年後賺了三個資本額，往後就在四個資本額基礎下發展。而乙君亦連續三年逢祿，但第一年猶豫不決，第二年才投入，結果三年後只賺了一個資本額，往後就在二個資本額的基礎下發展。從此人生的差距便愈來愈大。

　　當然，連鎖效應不是只發生在好的，壞的也會連鎖效應。譬如前例中甲君，因為有了比乙君更成功的經驗，所以後來便比乙君勇於投資（這也是連鎖效應），未料時運不濟，結果橫破亦大於乙，反而乙較保守、資本額較少，反躲過一劫。

　　所以連鎖效應會使強者愈強，弱者愈弱；也會使強者愈破、弱者少破。

- 運勢三理論：因果關係、時間差序列、連鎖效應除了用來解釋大限、流年的線性發展外，對於解釋人的本命發展同樣有效。譬如：命盤相同但成就不同，很多情況都是因為因果關係、時間差序列、連鎖效應的關係，最後造成差異愈來愈明顯，變得好像不是同一張命盤，而是南轅北轍的結局。

- 有人說，同時辰、同命盤的人，不是都應該要同時遭殃或得福嗎？這種觀念相當錯誤，詳見「命學可信度分析」一章。

參、三奇與六吉

一、發生機率

依「機率論」來說，逢到機率愈高，自然效果會愈差（因為擁有的人愈多就不稀奇），科祿權三奇之人，並非屬罕見，而六吉全會者，卻屬稀少。

三奇之所以常見，一部分是因為天干四化，有星系性，如甲年是：廉破武，而殺破狼或廉武紫又是三大星系之一，故逢之不難。

另一個原因是，要三顆全會的機率自然高於六顆全會。

故除生年四化外，還要命宮四化同參合成六顆，在機率上才能與六吉較為相當，否則必會高估生年四化之效力。

二、各所司職

諸星鋪陳命盤的架構、血幹，四化點其精、氣、神，亦即畫龍點睛。「體」、「用」之間，相互依存，應多體會。

如：昌曲主人聰明或喜歡讀書或有書卷氣質（體），但科考還是化科較有效力（用），如昌曲化科搭配得宜，則人才能真有實學又有科考及第，缺一總是不全。

實例：某君命宮七吉逢其六，但無三奇，為人真才實學受人敬重，在公司穩定發展，雖憑實力步步上升，但總無特別顯著的晉升或拔擢，此乃體（七吉）全，但用（三奇）不全。

實例：某君命逢三奇，卻無六吉，才學普通卻履履晉升，在公司除長官對其偏愛外，同儕皆非常不屑，此乃用（三奇）全，體（七吉）不全。

所以七吉主「體」（本質、架構）的部分，四化主「用」（展現、外顯）的部分。

如：紫微座命之人，有領導慾，雖常想影響別人，但不見得能掌握實權；而化權則主人能得到實權，卻不見得有領導慾。

同樣，流年逢紫微，不見得一定升官或創業，有時只主其人該年創業或晉升慾求很強，能否晉升順利應端視是否化吉或三奇而定。

一般而言，四化為星曜特別徵候，所以性質較為活潑、深刻，故較諸星有更明顯的效應。

如：逢昌曲科考及第機會不如逢科；祿存不及化祿來得

有救急性；逢紫微不如逢化權來得能掌握實權；而化忌之凶惡，有時更能置人於死地。

又如：武府祿存同座雖有財富，但若化祿來點，則更為活財活用。

三、四化強弱

一般人喜逢三奇，如逢科、祿、權則往往擴大其威力效應，以致過份樂觀，這樣會憑空飛來橫福，破壞吉凶判斷的平衡性。所以四化運用應注意：

一、三奇並非每顆都是仙丹，三奇也有廟旺落陷，三奇如果落陷就跟吉星陷一樣，效果大打折扣，化忌如果再落陷，效果當然更慘。一般人通常不注意四化的強弱，而以母星的強弱來當化星的強弱，這個觀念不對，因為四化原本就是中天的四顆星，它們有各自落入十二宮的強弱，切勿搞混！

二、星的性質有多樣性，四化也一樣，所以應該吉凶兩面論斷，如：權星化權除了有權力顯現外，應防權勢過重目中無人，反而破敗（一說：雙權為忌），又如財星化科應防錢財過份露白等。

三、化忌一般不喜，但三奇三顆，化忌一顆，往往也會樂觀
　　解釋，所以應注意化忌的效力是否可敵過三奇？最後，
　　還要注意化忌引起的反正效果，有時化忌有否極泰來、
　　柳暗花明的效果。

四、七吉（體）不足的人，應多培養實學、人際關係，彌補
　　本質之不足。三奇不足的人應多爭取表現、晉升機會，
　　彌補先天展現不足的缺憾。

肆、機率論

一、機率愈小徵驗愈強

　　斗數徵驗應確立一個觀念：如果大家都逢到的機率高，
當然這個徵驗就不稀奇了。所以機率愈少，徵驗愈強。

　　以文昌文曲為例，命宮要同時同座、對宮、相夾、三方
兩文星的機率是 1/9；要府相朝垣的機會是 1/12，這樣看來，
就沒什麼稀奇了。

　　但若要府相朝垣＋左右於財官會照＋龍池鳳閣座命宮，
則機率是 1/1728，相對臺灣兩千萬人而言，符合這個格局的
有一萬餘人（11570 人），這樣就說得過去。

再以天同＋擎羊於午宮為馬頭帶箭為例，機率是 1/1728，若再同座化祿（天同擎羊同宮午，祿存必在巳，不可能同宮）機率是 1 ／ 20736，臺灣約只一千人（964 人），這個格局就不能說不高了！

二、機率概算

我們可以這樣概算：凡有指定宮位的徵驗機率是 1/12，指定星曜的，每顆再乘 1/12，如果會、沖都算，再除以 3。

當然，不需要每次都去算機率，但要記住一個概念：為了讓徵驗更明顯，所以需參照更多的星系組合，譬如：不能只以單星來斷，應以星的組合來斷；不能只以主星、輔星來斷，還要輔以小星來斷。這樣機率才能趨於精確，否則徵驗法則會流於粗糙。

伍、平衡論

批命時吉或凶的機率一定要平衡，否則便會偏向一方。如：一般人以七吉、四煞為人斷福禍，則顯然吉多凶少，就會過於樂觀。又如四化有三奇與一忌，也是吉多凶少，所以也是過於樂觀。

一、七吉與七凶

所以為了讓吉凶平衡，除了四煞外，另外三空（地劫、地空、空亡）必須有重要地位，這樣七吉與七凶數目相等，才能平衡論斷。

二、六吉與三奇

六吉與三奇效用誰高？如以機率而言，逢六吉殊為不易，但逢三奇不難，所以如欲將三奇與六吉做比較，除性質不同外（詳見「四化」一章），亦應生年四化、命宮四化同列，如逢兩個三奇，六顆才能與六吉六顆有所比較。

三、反正不正

批算斗數另一個容易陷入吉多凶少的樂觀原因就是「煞星反正」，如火羊格、火陀格、火鈴格，頗有激發鬥志武功可為況味；擎羊旺、火星旺被認為有武貴；陀羅旺、鈴星旺可橫發。

煞星的星系組合也有反正功能，如火貪格、鈴貪格、同羊格、太陽天刑格，加上又有多星不畏煞，如紫、府、同、陽。

煞星紛紛轉往有利方向解釋，人生愈來愈發光明無限。

對於煞星反正較合理的解釋為：敢衝者自有橫發的機會，但橫破機會亦愈益加強（連鎖倍數效應，見「大限、流年」一章），所以火羊、火陀、火鈴雖有橫發機會，但橫破風險與傷害亦在增加。

其他如火貪、鈴貪、同羊等馬頭帶箭格，因為貪狼有解厄排難功能、天同福星，逢煞故無大忌，且能激發懶散潛能，故確實有益，但因逢煞受到激發，日子並無想像中舒坦，辛苦不免，而且因為受到刺激才激發的鬥志，難免在之前受到一段擠壓，所以多為晚發，等到爆發起來，就有「橫發」的味道，橫發後，動力又消失了，所以亦不主橫發後能守。

日月反背亦然，功成後需注意江山被竊。

四、吉星有凶

吉星以吉論，煞星紛紛反正，當然就不能平衡論斷。

其實，吉星亦多凶性，當一併考慮，才能精確。

如：昌曲，逢桃花星曜多有感情或文書紛擾。

如：魁越，日後亦化為小人星。

如：輔弼，多有為他人做嫁衣之慨。

如：祿存，必被羊陀相夾，所以福份不全。

此外，吉星多有重拜、庶出、紅杏效應，應多注意。

陸、廟旺落陷

星曜廟旺落陷絕對列為批算因素，如此才能準確。

星曜廟旺落陷有許多成立因素，如：依四生、四正、四墓、三合理論（如：羊陀火鈴），或依五行長生（如祿存）、或依五行方位（如：陰同水性，於子水位旺，於午火位陷），或依軌道方位（如：太陽白日旺、太陰夜間旺），或依組合之星（如巨門逢日則旺），或依星曜原本特性（如：紫府帝星不落陷）……，總之，不是用一個理論就能通盤解釋。

但星曜廟旺落陷在斗數裡的重要性絕對需要參考，因為星曜會隨不同位置而有不同亮度與效力，本就是自然天文現象。坊間有學者主張不用旺陷，易陷斗數解釋趨於樂觀與單一。

柒、修正論

不管是從陰陽五行、干支或天象推演出來的法則，最後都還是需要經過人世事實的檢定與修正。因為天上、人間原本不盡相同，不經檢定與修正，就好像化學不做實驗，光說不練。

　　譬如：先天八卦原本依生序排列，但文王（後天）八卦則打破先天生序將其依人倫重新排列，更能符合人世運用原則。

　　先天河圖洛書亦然，後來都依人倫關係轉換成「聖人則」河圖洛書。

　　古籍裡曾多次提到，當天象有異時，太史群臣便會聚集在一起，討論這個天象對照人世現況後的影響，如果一味囿於術數卻不知人間實況，就無法做出精確的判斷，難免就是「只諳術數，不諳人世」。

　　所以，修正最主要的依據便是人世的倫理現實。比如，同一個島國分屬兩個時區，行政上不會將其分割，因為這個島國的人是一群緊密結合的生命共同體，有其牢不可破的族群共通性，那麼在祿命上也是一樣，又何需將其分割破壞倫理？只要以該地的統一時間為據即可。

　　個人祿命之術，也需要針對個人不同而不斷修正。

　　祿命之術以往一直陷在宿命裡，以為只要一張命盤就能無所不知。其實，不管祿命技術再複雜（譬如移動命身宮、飛翔宮位）、將時辰分到多細（譬如鐵板神算分到刻），都無法解決同時辰者命運不盡相同的難題。此時能運用的，就是依照個人現況做驗證與修正。

　　祿命法之所以必須修正，另一個重要理由是，因為祿命法是對個人先天的條件做推測，而後天的人倫差異與行為改變則無法在先天命盤裡出現。後天人倫差異包括：不同父母、手足、配偶、子女、長輩；後天行為改變包括不同生長過程與諸多不同的抉擇。這些人倫差異與行為改變就是造成命盤相同但命運不盡相同的主因。

　　鐵板神算（蠢子術）就是運用修正最多的祿命法，除了自身的八字外，還需要父母的八字（後天人倫差異），並且驗證過去事件（後天行為改變）符合後，再具以翻檢書典裡的徵驗條文。

　　修正最好的依據就是看此人現在的狀況到底如何。

　　實例：某女經人指點，該年大限逢科，流年逢科，小限宮干自化科，可以參加考試，如改考有興趣的科系，則日後可再一路升學。但因為畢業已十年，且需更換科系，該女半

信半疑，但因先生一再鼓勵，代為安排家務，某女即隨興一試，不料果然高分中第，而且學校功課名列前茅，準備畢業後繼續深造。

因為後天人倫的差異（先生一再鼓勵應試）、行為改變（決定更換有興趣的科系），某女之命運，想必做了一個轉換與提升。

如以斗數學理而論，同樣天同擎羊於命宮之人，一般理論是天同福星不畏煞，反能受其激發，故為馬頭帶箭奇格。但事實上，我們必須判斷受擎羊激發後的天同，是脾氣變壞，還是變得不懶？如果變得又懶又躁，大概此人也沒什麼可為，但如變得勤勞又敦厚，則就真的可為。

又如文昌化忌，有人顯現在感情不順，有人顯現在考試運不好，有人顯現在思想偏差，有人顯現在智商不高，有人顯現在文書出問題，有人顯現在情緒處理不恰當，有人顯現在玩弄情感……，若能確定每個人文昌化忌的效用何在，則能更進一步做出判斷。

所以修正後，我們能很清楚知道，命盤諸星對個人的影響程度，進而做出更精確的判斷，而同命盤者，也因而顯現差異出來。

第九章　和合法

　　每個同時辰出生之人，命運是否一樣？為了克服這個問題，我們必須讓同時辰的人現出不同的徵候，姓名合參、相命合參、卦命合參是最常用的方法。但若純就斗數的深入研究，而不涉及其他方法，和合法是最好的方法。

　　某命盤顯現父剋極重，但事實上，有人確實父剋極重，有人則為彼此不交心而已，而有人甚至感情不錯，只是因故聚少離多。此時，若能參照父親的命盤或生年，兩者合參，便能一目瞭然！

　　這與前面提到的，命盤只是「個人」的，欲再斷父母、夫妻、子女等皆需和合方能精確的道理一樣。

　　和合不但能使同命盤者現出差異，更能將封閉的個人命盤與其他命盤交躔，形成一個開放的互動網路，這樣便能發揮極為精確的效力。

　　所以和合法是突破斗數限制的重要技術。

　　六親宮有時主與親人的關係，有時又主該對象的狀況，

如：父母宮座昌鈴陀武，有時主與父母感情惡化成仇（與該人關係），有時主父母身帶殘疾（該人狀況）。

同樣的，如果父母宮座武曲，雙方感情較不易融洽，乃至緣薄，但此時父母極可能命座武曲，則此時父母宮的武曲指的就是父母，緣薄情況便會減低。

子女、夫妻、兄弟亦然。此時，可以用和合法來協助判斷，增加準確度。

壹、為何要和合

一、打破獨立事件

作者一直強調，命盤是自己的獨立事件，如欲用自己的命盤來判斷自己以外的很多事物，都會有盲點。

譬如，命盤夫妻宮孤寡很重，是否就一定生離死別？這樣判斷過於武斷，因為我們還沒看到另外一半的命盤，另外一半的命盤如果夫妻宮很好呢？是否情況就改善很多了？所以當要判斷自己獨立事件以外的事情時，一定要雙方和合才能求出解答。

又如，同卵雙生的兄弟命盤一樣，為何婚姻狀況不一

樣？因為他們遇到不同的情人，所以發展出不同的愛情，有了不同的婚姻，進而有不同的子女，所以在各方面，都因和合的不同，產生不同的結果。

和合（交躔）在命理或形上學裡，本來就應用得很廣。如八卦，就是由陰陽和合而成，而易經更是由兩個八卦和合而成。而斗數也用到和合，如單星組成星系、宮位的三方四正等。

但到了個人祿命時，一般人太期待宿命，想從自己的命盤裡看出未來與其他的林林總總，所以就陷入只用自己的命盤來斷別人的困境。

二、明確判斷對象

父母宮同時主父親與母親、兄弟宮也有多位兄弟、子女宮可能有多位子女，究竟誰才是宮位所指的那個人？

其實在親屬倫理裡，如父母、兄弟、夫妻、子女間，很難分開斷吉厄。如：夫妻之一方受到刑剋，另一方必然因而也陷入困境，如：負擔加重受折磨或因而心生異心，都有可能。所以本來就很難分開斷定。

以父母宮太陽化忌為例，可能直接父親出問題，但也有

可能反是母親出問題，所以父親受到折磨。這情況之下，但如欲更精確的判斷出究竟是誰出問題，亦應採用和合法。

和合一般有比較精密的命盤和合，和比較概略的生年和合。

貳、命盤和合

精確的和合法應該是以對方的生辰來合，如以斗數就是以對方命盤中的星曜與宮位來與自己的命盤和合，看產生的星系是否良好？命盤和合有四道手續，就以夫妻和合為例說明之。

一、雙方命宮星曜和合

以夫妻而言，對方命座七殺，一般人可能覺得不好，但若我命宮座紫微，則紫微化殺為權，有何不好？（但有爭執還是難免，就容易變成歡喜冤家，愈吵愈愛，不過座七殺的往往會先讓步，或座紫微的以手腕化解問題。）

又如夫命座破軍，妻命座天同，破軍天同在斗數裡原則上是不相會的（請參考「二十四星系」一章），所以便無法判斷吉凶。可以其他方法檢驗之。

二、彼此入對方宮位

照理論而言，我命宮的星曜會入對方的夫妻宮；而對方命宮的星曜會入我的夫妻宮。

所以，我若夫妻宮帶昌鈴陀武，則可能是配偶有刑傷或彼此感情出問題其中一個徵驗，經查，對方三方有昌鈴，則可判斷為徵候是配偶將來難免要開刀或有厄疾，所以在感情出問題這方面就會減輕。

又如我夫妻宮座武曲，主孤，但對方也命座武曲，那這個武曲是指對方的星曜，所以孤剋情況可以減低，但對方固執、喜歡外出求財因而忽略配偶的特色還會存在。

三、雙方夫妻宮和合

如果我的夫妻宮有化厄的徵候，對方夫妻宮也有化厄的徵候，則彼此要小心維護感情，否則就凶惡了。如果我的夫妻宮有化厄的徵候，對方夫妻宮卻是化吉的徵候，則事情還沒到不可收拾的地步。

一般人喜追究到底誰出問題？這確實很難回答。譬如，某女命座武曲、夫妻宮七殺左輔祿存，早婚，結婚之年大限未逢天姚紅鸞天喜。

後來果然離婚，一般或許會說，此種格局早婚和離婚機率本來就很高，但離婚原因，是前夫一再外遇，不能說該女有再婚格局就是她的錯，所以只能勸誡諸君，婚姻寧願謹慎、晚成，總比事後離婚好。

四、其他和合

　　夫妻和合，還可以看彼此命盤的子女宮，則下斷男女、子女數，更為準確；還看彼此財帛、田宅，一起做理財規劃⋯⋯等。

　　這裡以夫妻宮為例說明和合之法，其餘父母、兄弟、子女、合夥人亦然。

參、生年和合

　　如能獲得對方生辰做和合法，最為準確，但通常如欲得知對方生辰，多有所困難，一般大多只能知其生年，所以可用生年和合法。生年和合法理論與流年一樣，如，癸卯年，則宮位在卯，四化為癸破巨陰貪。生年和合法有三道手續。

一、生年宮位

　　譬如想得知民國五十八年生（歲次己酉）之女性與我結交為異性朋友，將來結成夫婦後之和合狀況，便以我命盤中之酉宮及其三方四正為參考宮位，同時如為女性，則參考太陰旺陷吉厄（男性則參考太陽之情況）。

二、生年四化

　　接著再以己年四化武貪梁曲，在我命盤中的位置來判斷她的四化對我的影響。

三、影響宮位

　　上述的參考宮位、參考四化排出後，就檢驗它們射入我命宮、夫妻宮（如問子女則為子女宮、問兄弟則為兄弟宮、問合夥則為朋友宮……其餘同）的影響。

　　當然，也可以用它們來檢驗對我流年宮、財帛宮、事業宮、遷移宮……等的影響。

　　這裡以夫妻宮為例說明，但實則每個宮位道理都一樣。譬如，父母宮便可由此法分辨出誰與我較有緣，誰較無緣，可能受傷的是哪一位；子女有多人，生年不一樣，也可這樣區分開來；兄弟、合夥人……等亦同。

壹、五行局

斗數所謂水二局、木三局、金四局、土五局、火六局，並非主人屬水、屬木，而是定紫微的過程，而所謂二、三、四、五、六就是起運、起大限的年紀。如：水二局之人，二歲起運，同時起大限（二至十一為第一個大限）。

另外，水二局的人不能說自己就是屬水，因為身屬何行，是干支系統的演算法，紫微問人身屬何行，不如問人命座何星，來得更有判斷價值。

有學者喜以大量五行干支原理批算斗數，其實，兩個是不同的系統，與其如此，不如子平、紫微各算一份求交集。

貳、小兒起運

因為起運（大限）最早是水二局的兩歲開始，最晚是火六局的六歲，所以為入限前便需用小兒演算法推算小限、流年。

一歲：命宮　兩歲：財帛宮　三歲：疾厄宮
四歲：夫妻宮　五歲：福德宮　六歲：官祿宮

如：金四局的人，一歲用命宮當小限，兩歲用財帛宮當小限，三歲用疾厄宮當小限，四歲（起限）以後就用本命小限或流年批算。

未起運時之大限在命宮。小兒演算法只論該限三方四正，不論其他十一宮。

參、他說

以上小兒（未起運）演算法，諸多學者有不同意見，試整理如下。

一、大限：

一般因為小兒未起大限，所以以命宮來當成小兒的大限宮，但對小兒的大限應屬何宮，仍有其他說法。

1. 陽男陰女，兄弟宮。陰男陽女，父母宮（即起大限之前一宮）。

2. 父母宮（嬰幼好壞，端視父母對待）

3. 福德宮（嬰幼好壞，端視先天福德）
4. 命宮、父母宮、福德宮同參。

二、小限

　　小兒的流年如前所述依序是命、財、疾、夫、福官，但亦有其他說法。

1. 直接看小限。
2. 直接看流年。

三、結論

　　作者認為，小兒未起運（起大限），就是未起運，乃有學理的根據，又何需強求哪個宮位是他的小兒大限，硬給他一個大限運？猶如空星本空，去求它的五行也很突兀；或空宮就是空宮，就是一種格局，何需借對宮星曜來填塞？況且嬰幼兒沒有獨立行使能力，沒有大限運亦為合理。故在此，建議不立大限。

　　至於小兒小限、流年亦不主張以成人小限或流年法推之，因為小兒既未起運，當然就不能用大人起運後之方法來推算。故在此建議仍使用命、財、疾、夫、福、官之宮位「參

考」之。

肆、雙（多）胞胎

多胞胎演算法各家有異，試整理如下。

一、老大：正常。

老二：遷移宮當命宮，其餘依序轉換。

老三：兄弟宮當命宮，其餘依序轉換。

老四：夫妻宮當命宮，其餘依序轉換。

二、老大：正常。

老二：以老大兄弟宮當命宮，其餘依序轉換。

老三：以老二兄弟宮當命宮，其餘依序轉換。

老四以下類推。

三、結論

以上說法，皆不將老二以後各胎當獨立個體看待，而視為老大的變體，以規避同時辰不同命運之謬誤，其實這就是一種企圖將命理宿命化的結果。

以同卵雙生、同時辰的孿生兄弟為例，一開始同質性確實非常高，不但受到的養護、關照、境遇幾乎完全一樣，更高到有所謂心電感應的效果，連感受都幾乎一樣了，怎會是不同命盤？

但同卵雙生、同時辰的孿生兄弟初期高度的相應、後期差異愈來愈大，只能說明一件事：命運原本就不是宿命的！

所以唯有接受後天選擇與行為改變的結果，才能再據以修正命理的解釋，這樣才能發揮命理的參考價值，而非一味的鐵口直斷的宿命，這就是前面提到的修正論。

故，同命盤之人，因為後天境遇不同就會產生不同的狀況，多胞胎兄弟亦如此矣！

故，建議雙胞胎或多胞胎仍以同一張命盤，但須針對目前發展的異同做修正（詳見「命學可信度分析」一章）。

研究篇

學習此篇者，
將獲得祕傳的完整紫微斗數原理與架構知識，
而不離正道。

第一章 紫微斗數由來研究

　　星象學→占星學→星命學→神煞學，以上依序是紫微斗數演化的歷程，因為斗數是「星命神煞學」的一支，所以在這裡要瞭解神煞學，因而需瞭解何謂天文學上的「虛星」，及祿命法的「神煞」。

壹、從虛星到神煞

一、虛星

　　虛星便是天文上不存在的星，但因古人不清楚真實的天文實況，所以假設出來的星曜，以利天文的推測。虛星由來至少有下列兩個原因：

1. 天文虛星

　　譬如：以前的人是日動說，所以不知日月蝕的真正原因，但他們發現了日月蝕的規律，所以便假設羅喉、計都二星，只要碰到了，就會發生日月蝕。凡此種種，為了天文的解釋需要，而設出虛星。

2. 曆法虛星

譬如：以前的人因木星繞地球一周為十二年頗為規律，所以分天空為十二次（宮），但因為終究不夠精確，所以便假設一顆「太歲」星，方向與木星相反，行度則規律一年一宮，用它來紀年就不會出現誤差，這就是曆法上的虛星。

星命學利用推斷天文星曜對人命宮的影響判斷福禍，但一定會碰到兩個問題：

1. 星位移動的位置往往無法精確預測。

2. 天上星曜與個人福禍有一定的相關性否？

但是，古人還是透過觀察星曜對人世的影響而發現許多徵驗規則，並將這些徵驗規則仿照虛星的做法，用不同的星名表現出來，這就是「神煞」，吉的稱神，厄的稱煞。譬如，火星在甲年對人會有帶財的徵驗，便稱為天祿，在癸年對人會有晦耗的影響，便稱為天暗。

天文星曜發展成各種神煞有下列幾種方向：

1. 星曜在不同年干所發生的不同徵驗。

（如：木星在甲年化為天福，在癸年化為天耗。）

2. 不同年干哪些宮位應該出現哪些神煞的徵驗。

（如：文昌在甲年會出現在巳。）

3. 星曜在不同年支所發生的不同徵驗。

（如：子年火星化為天馬。）

4. 不同年支哪些宮位應該出現哪些神煞的徵驗。

（如；紅鸞在子年會出現在卯。）

　　總之，神煞是天文星曜在不同年度不同徵候的虛擬星曜，或在特定年度應在哪個宮位出現徵驗便託虛星出現。

　　要強調的是，利用天文實星的星命學後來因為發現各種不同徵驗，所以便設神煞，星命學後來也實星、神煞兼用，才又發展出純神煞系統的祿命學。

二、神煞

　　古人認為，星應照著正常的方向、速度、亮度、色澤、大小變化，否則天象異常，人間就有特殊事件。但事實上，天象是不穩定的，所以因而產生許多神煞出來解釋這種徵驗，這些不穩定的因素如下。

1. 星行軌跡

　　恆星雖然不動，而行星繞著恆星成橢圓運行，但因為地球也在運行，所以觀察起來，在「相對位置」上，它們就不是橢圓運行了！以內行星而言（地球與太陽之間的星），呈

迴轉形；而外行星（地球之外的星）呈 Z 字形。所以這時便有逆或滯的徵候。

2. 行星速度

行星速度原本就不一定，這與它圍繞的恆星或受到旁邊其他星座的吸引都有關係，這時就有疾或遲的現象。

3. 地球因素

地球因為自身的因素，產生季節、天候因素，使觀察星曜時的亮度、大小會有不同，這時便有動（光體搖動）、芒（光芒生鋒）、角（光角變大）、怒（光芒變強）、大、小的現象。

4. 行星因素

當然，行星自己也會受到其他的影響，而讓地球上觀察起來時產生上述狀況。

5. 蝕

日月有日月蝕，行星被觀察時當然也會。所以就有存與亡的現象。

6. 其他因素

其他諸如新星（客星）、流星、彗星等星，甚至太空塵團、太陽黑子、極光（雲氣）等各種天文現象，也會為天空帶來更多的變化。

凡此種種，都會產生不同的徵候，所以星象學便有諸多星曜不同的分類與名目，而星命學裡愈來愈多的神煞也因而被設立，這都是因為星曜的異常變化所以產生的徵候。

三、神煞應驗性

對於星命學，人們一定會懷疑，用星命去解釋人的祿命準確嗎？因為古代的天文學可能不夠精確，有許多星是假設的，更重要的是，星曜與個人有一定的相關性嗎？

其實，雖然星命學一開始時是由星象學裡的實星或虛星而來，但發展到最後卻完全是徵驗法則的神煞，而非以星象測度人的福禍。

譬如，古代人企圖建立五星對人的影響，但後來發現，不能這麼測度，因為五星在不同的天干、年支有不同的徵驗，或特定年干、年支裡會有特定的徵驗。所以便發展出各種因為徵驗所設立出來的神煞，這些神煞都是因為徵驗而來的。

經過徵驗而設出來的星，有的在往後還有高度的徵驗性，有的則只是某些年的偶發事件而已，但因為沒有高度公信的機構來主持這些事，所以民間的神煞便愈來愈多甚至上千，後來才由朝廷天文官與學者刪定，目前流傳的有兩百多顆，大致可以認為，這兩百多顆是被認定較具徵驗性的神煞。

　　所以後來的星命學尤其神煞學便不是以天文星象來斷福禍，而是將徵驗結果以虛設的神煞來表示，故說它是一種徵驗法則。而星命學也便與星象學或占星術大異其趣了。本書採用的名詞定義為：

1. **占星術**：觀察實際天文天象與利用分野技術以斷國家福禍的預測學問。

2. **星命學**：以資料或公式推測實際天文星曜位置對人命宮的影響，以推斷個人福禍的學問，其中抑或有兼採神煞者。

3. **神煞學**：以透過徵驗而設的神煞對人命宮的影響，以判斷個人福禍的學問，不是運用實際的天文天象或星曜。

4. **虛星**：用來解釋天文、曆法而假設的星。

5. **神煞**：神煞學為替人解釋福禍的徵驗，用假設的星來表示。

貳、紫微斗數由來

在「紫微概論」一章已經略述紫微斗數的形成簡史，今要說明，斗數為中國產物，而非傳說的是由西域傳入的產物。

一、中國天文發展

中國早在夏、商朝，便設立宮廷天文官（太史）制度，觀星是國家大事，所以必須專業研習、隨時注意星象。到了周初周公便設了中國第一座天文臺，並留下許多如日蝕等的觀星資料。到了秦朝，秦始皇便統一全國的曆法，可見中國的天文技術早已獨步當時世界各文明。

有神祕性與政治性的星象學，無意中帶動了中國天文學的進步，中國歷來一向如此，譬如因為帝王企圖求得長生不死藥而煉丹，因而也帶動中國化學的進步。

中國既然是一個文明古國，也是一個大國，但為什麼民

間會傳說紫微斗數或很多密學都是由他國傳來的呢？因為星象學與許多密學被視為國家機密，故諸多絕學藏於大內，嚴禁外流，有時偷偷流傳出來，只能託辭是由異邦流入。到了清朝衰敗，諸多大內國寶、絕學紛紛流入民間，這時我們才能看到許多「欽定本」的絕學。

所以有學者認為星命學或斗數乃自西域或印度傳入，這樣的猜臆是不需要的。因為以中國對天文星象的深刻體悟與運用，加之強烈的宿命，會發展成星命學自有其成熟條件。而至明清，神煞眾多上千，會整化成斗數或其他神煞命學，亦為理所當然。

二、經典的誤解

如果星命學或紫微斗數是由西域或異邦流入，那我們自然可以在這些國家發現類似的算命法，但事實上並沒有，所以這可以說明，星命學或紫微斗數是中國的「土產」。

但這樣的誤解是有原因的，那便是蓮花生大士在西藏創立密教時，也大量把中國的天文、星象、占卦、九宮……等學術融入，後來這些經典又被佛教編納到《大藏經》（佛教經典的百科全書）裡，因此很多人便因而誤以為東西是從西

藏或類似地域傳過來的，但事實上剛好是相反的。

佛教《大藏經‧圖像部》中與星斗崇拜有關的典籍，有《宿曜儀軌》、《北斗七星念誦儀軌》、《佛說北斗七星延命經》及《大方等大集經卷第二十》……等。因為紫微斗數的星曜採樣大量被收入《大藏經》中的說星經典，所以有一派學者便認為紫微斗數是從印度或西域傳來，但事實並非如此。因為綜觀這些經典可以發現，它們使用中國的干支、農曆，四象、二十八星宿的分類與名稱也和中國天文學完全一樣，甚至用到西洋占星術的星座和宮主（有人因而說，連西洋占星術也源於印度佛教，亦言過其實），所以這顯然是與中國關係密切的密藏收納這些星曜所造成。

又如，密宗不空法師所譯的星宿經典，便是將西洋十二宮占星法、印度黑白月吉凶法、中土二十八宿、時日剛柔吉凶生剋說等相揉合而寫成的。

此外，密宗裡有九宮八卦咒牌，內容除了佛教的本尊菩薩外，還有咒語以及八卦、星相圖，所以就有人說，易經八卦也是從印度傳到中國的，乃文殊菩薩所賜。但據史料證明，那是印度佛教密宗大成就者蓮花生大士把密宗傳入西藏時，融合了漢、藏文化所親自設計的。

又如密宗北斗信仰中的北辰菩薩名為「妙見菩薩」，足踏蛇龜，即為中國玄天上帝（北極大帝）。所以動輒將宗教、玄學等歸納為印度、佛教或西域所發源，實在大可不必。

三、與十八飛星關係

十四顆主星與「十八飛星」有何異同？

「十八飛星策天紫微斗數」也是星命神煞學的一支，由虛、貴、印、壽、空、鸞、庫、貫、文、福、祿、杖、異、毛、刃、哭、刑、姚等十八星加紫微共十九顆星。

其實，十八飛星的推算技巧比較類似七政四餘等星命學，與斗數的中州派、南派都大不相同。

雖然很多人都認為斗數應該源於十八飛星，作者卻認為，星曜雖然採樣或有相似，但手法、系統完全不同，只是皆以紫微為首而已。

我們大抵可以認為：凡是後來的星命神煞學，都是從眾多神煞裡整化出來的，所以或有相近是必然的，但從系統性就可觀出基本的差異。

譬如：中州派與南派的星曜依北斗、南斗（還有日月中

斗）分佈，而北派則是佈十八飛星。另外，紫微、命宮佈法也截然不同，只是都以紫微為首而已（回閱「紫微概論」）。

當然最大的差異還是在推算技術，十八飛星沿用星命學的技術，如廟喜貴賤，而中、南派則已運用神煞的技術。

另外一說，斗數十四顆主星加上會自化的昌曲輔弼四顆也是十八顆，所以斗數與十八飛星或有派別血源，這樣的推臆是不需要的，因為十八飛星其實是十九顆。此外，以十四主星加昌曲輔弼會自化的四顆構成十八顆也有邏輯上的謬誤，因為並非十四顆主星都會四化，四化雖然派別有異，但都七殺不自化，所以以自化來做連結的線索並無任何邏輯上的連貫性。

因此，十八飛星除以「紫微斗數」為名相同，並同為星命神煞外，與斗數相差甚遠，不宜混為一談。

參、斗數與五行

斗數是星命神煞學，也就是將實際的星象學變成虛擬的神煞學，雖然如此，但它還是大量保留星象學的技巧，譬如十二宮、星曜、星曜旺弱、三方四正……等技術，所以許多

技術也是以星曜纏度解釋為主，五行解釋為輔助，五行解釋甚至常常不足參考。

　　現在民間有以宮位六十納音為宮位五行，另外各星亦有五行，因而批斷星曜入宮位吉凶的做法，這種方式是早期的五星演算法，如用來批算紫微斗數，則與紫微斗數原先的基本原理相衝突。

一、星性衝突

　　用五行來解釋星曜，會產生另一股勢力，與原先的紫微理論衝突，譬如：同樣陰陽五行之星曜，性質解釋卻不同，如：紫微、巨門，皆屬陰土，但兩顆星的性質卻完全迥異。

　　而星系組合後之吉凶，亦多為星性之解釋，而非五行解釋，如武曲、七殺、破軍不喜逢昌曲，乃因文武性質極端不同，故同座相互掣肘，容易破運、刑傷；又如武曲、七殺、破軍忌再逢羊陀火鈴，皆因煞上加煞，故刑傷頗重。凡此種種皆為星性解釋，而非五行解釋。其餘諸多星曜組合亦然。

　　而所謂廉貞靜火剋七殺陰金，故能相互制用，雖然火能剋金，但相剋之星曜組成星系，終究還是相剋，怎能相互制用？所以還是星性解釋為主要因素。（廉貞主囚，七殺主

征，故七殺解廉貞之囚性，而廉貞解七殺過份好征之鬥性。而廉貞破軍之所以不能同廉貞七殺一樣相互化用，是因為破軍不是將星，是敢死隊，再逢廉貞囚星，為有不出師不利、被擄成俘之慨！）

二、星曜強度的衝突

在斗數裡，同樣陰陽五行之星曜，入同樣五行之宮位，廟陷亦不同，譬如紫微、巨門，皆屬陰土，但在十二宮的廟旺落陷情況即不一樣。

所以這在在證明，斗數是星象學，不是五行學，不但不宜將五行技術用於斗數，甚至過份引用的結果，也會產生另一股解釋勢力，與原先的斗數基本理論衝突，因此強烈建議不可使用，如欲展現五行效力，不如另以八字起盤同參為宜。

第二章　紫微星系架構研究

歷來，對紫微斗數的星曜是實星實用、實星虛用，或虛星虛用，各有不同的說法。同時對紫微星曜的組合原理，我們也需更進一步認識。

壹、星曜由來

很多人以為，北極星就是紫微斗數裡的紫微星，答案是對的；南極星就是斗數裡的天府星，答案是錯的，因為事實上根本沒有南極星，所以天府是南斗第一顆星。又很多人以為，北斗七星構成紫微斗數的紫微星系，南斗六星構成紫微斗數的天府星系，答案也是否定的。

事實上，紫微斗數的星系，與實際的天文實況完全不符。

一、天文實星

天文學上原有北極星和北斗七星、南斗六星，它們各有

天文學名稱，但因為宗教信仰關係，這些星被賦予「星君」的神格，也各自有了新的星君名稱。到了紫微斗數，這些北、南斗星君打破原有編制，混成紫微星系和天府星系，詳見下表。

斗位	天文位置	中國天文名稱	西洋天文學名	星君名稱	紫微斗數位置
北斗	北極星	天極星	The Imperium	紫微	紫微星系一
	北斗一	天樞	Dubhe	貪狼	天府星系三
	北斗二	天璇	Merak	巨門	天府星系四
	北斗三	天璣	Phecda	祿存	輔星
	北斗四	天權	Megrez	文曲	輔星
	北斗五	玉衡	Alioth	廉貞	紫微星系六
	北斗六	開陽	Mizar	武曲	紫微星系四
	北斗七	瑤光	Alkaid	破軍	天府星系八
南斗	南斗一	殉星	φSagittarius	天府	天府星系一
	南斗二	妖星	Kaus Borealis	天梁	天府星系六
	南斗三	義星	μSagittarius	天機	紫微星系二
	南斗四	仁星	σSagittarius	天同	紫微星系五
	南斗五	將星	τSagittarius	天相	天府星系五
	南斗六	慈母星	Ascella	七殺	天府星系七
中斗	白道	太陽	The Sun	太陽	紫微星系三
	黃道	太陰	The Moon	太陰	天府星系二

星曜在民間信仰上異於天文學的名字和特性，應該是宗教崇拜因素所致，譬如中國的《北斗經》、《南斗經》等，便以如上名字稱呼北、南二斗星曜。而佛經中稱北斗七星為「東方藥師七佛」，分別是：南無貪狼星，是東方最勝世界運意通證如來佛、南無巨門星，是東方妙寶世界光音自在如來佛、南無祿存星，是東方圓滿世界金色成就如來佛、南無文曲星，是東方無憂世界最勝吉祥如來佛、南無廉貞星，是東方淨住世界廣達智辨如來佛、南無武曲星，是東方法意世界法海遊戲如來佛、南無破軍星，是東方琉璃世界藥師琉璃光如來佛。

二、紫微星曜

　　紫微斗數的星座架構和民間傳統信仰又大有出入，這肇因於算命的需求，因為紫微斗數不是用實際天文星曜來算命的占星術或星命學，而是一種虛擬的「神煞學」，所以它只是借用宗教崇拜的名字（非天文學上的名字）和它們的特性，來構成自己的系統。

　　在紫微斗數裡，紫微星系是紫微、天機、太陽、武曲、天同、廉貞等六顆星；天府星系是天府、太陰、貪狼、巨門、

天相、天梁、七殺、破軍等八顆星。以上和實際天文與民間信仰都不一樣。

1. 星系混淆

北斗星曜跑到天府星系，南斗星曜跑到紫微星系，而且還多了太陽、太陰兩顆中天系的星曜。

2. 數目不一樣

原本北斗七星系連北極星共有八顆，但斗數裡的紫微星系只有六顆。而原本南斗六星系連南極星共有七顆，但斗數裡的天府星系卻有八顆。

3. 主星變輔星

北斗七星的祿存、文曲，南斗六星的文昌由原本的主星，變成紫微斗數裡的輔星。

瞭解以上差異便可發現，紫微斗數星曜雖然還持用宗教信仰的名字，但架構已經與實際天文與宗教信仰完全不同，因此它是「虛星虛用」，不能因為它沿用原有的名稱，即認為它是實星。

貳、斗數星系特色

一、虛星虛用

斗數中之星曜或為實星名稱，或為虛星名稱，虛實相雜，但不管實星或虛星，在斗數裡，它們都打破建制，並不再按原來的天文軌道運行，而是遵循斗數的規則散佈在命盤裡。

二、固定虛擬化

前面言及，因為實際的天文星曜位置，本身軌道即誤差難測，而且還在繼續變動中，所以運用實際天文星曜會有困難。

但先賢還是從星象裡獲得天理循環的規律經驗，所以便將這些經驗藉託神煞來表達。所以現在星命神煞學理的星曜便有它出現的規律性，但這不是原有的天文軌跡。

所以斗數或星命神煞學裡的星曜，不管實星或虛星，都被頻率固定化、星性虛擬化，而絕非原來的天文定義。

三、配合天文曆法

　　雖然星命學的星曜被固定化、虛擬化，但還是需要時時配合曆法修正，以維持正常的天文秩序。在斗數裡，就是以年、月、日、時為基本準則來做修正。

四、人間祿命法

　　不管干支或星象，起初都是用來判斷天地間的事件，所以是預測國家大事及因而類推的人（所以古代傳說帝王將相都是星宿轉世），到了隋唐才轉換成批算個人事件，稱為「祿命法」。

　　因為紫微斗數是人間祿命法，所以它的星系象徵也很有意思，有皇帝、宰相、將軍、文臣、商人、美女……，乃至賤民、流氓、囚犯，也因而構成星系與人間結合的算命法。

參、斗數星系架構

一、星系原理

　　星系出現原理很簡單，就是紫微星系、天府星系於寅宮佈局後，兩系星曜交躔會出現什麼情況？為何是以寅宮為首？在命學裡，子為天，丑為地，寅為人，所以寅是正月之意，故以寅起首。

紫微星系位置是固定的，紫微排第一，依序逆時針是天機、空一、太陽、武曲、天同、空二、廉貞（如圖）。當紫微順時針進一格，其餘也跟進一格。為何紫微星系是順時針移動？因為地球是逆時針轉動，所以紫微星便成順時針相對移動。

	廉		
			同
			武
紫	機		陽

天府星系位置也是固定的，以天府為首，順時針排列是：太陰、貪狼、巨門、天相、天梁、七殺、空三、破軍（如圖）。當天府逆時針進一格，其餘諸星亦進一格。為何天府星系是逆時針移動？因為地球是逆時針轉動，所以北極紫微星便成順時針相對移動，而南極天府星便成逆時針相對轉動。

巨	相	梁	殺
貪			
陰			
府		破	

　　因為紫微星系是順時針轉動，天府星系是逆時針轉動，所以兩星系間的星曜便有了十二種交躔的情形，因而出現二十四種星系組合。

二、二十四星系

　　二十四星系以同宮、對照、三方、相夾形式出現。

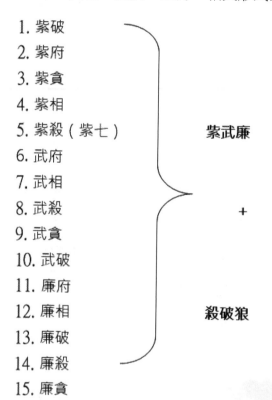

1. 紫破
2. 紫府
3. 紫貪
4. 紫相
5. 紫殺（紫七）
6. 武府
7. 武相
8. 武殺
9. 武貪
10. 武破
11. 廉府
12. 廉相
13. 廉破
14. 廉殺
15. 廉貪

紫武廉

＋

殺破狼

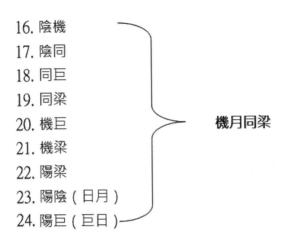

16. 陰機
17. 陰同
18. 同巨
19. 同梁
20. 機巨
21. 機梁
22. 陽梁
23. 陽陰（日月）
24. 陽巨（巨日）

機月同梁

三、星系分類

　　二十四星系可以六顆紫微星系主星為首，分成六組星系，分別是：紫微星系、天機星系、太陽星系、武曲星系、天同星系、廉貞星系。

　　然後又可簡化成紫武廉、殺破狼、機月同梁三大星系。習者不妨從這樣的分類著手瞭解，就能有系統的掌握星系的性質。

肆、星系關係

　　除了前面二十四星系以同宮、對宮、三方、相夾關係出現外，同星系之間的關係也值得注意。

一、恆固定

1. 府殺永遠相對。
2. 破相永遠相對。
3. 殺破狼永遠三方。
4. 紫武廉永遠三方。
5. 府相永遠朝垣。
6. 梁巨永遠夾相（天相相夾功能大於三方四正）。

二、未成星系

　　未成星系的星曜，則永不相會如：陰破、同殺……。

　　注意：未構成星系之星曜，如七殺永遠不逢天同，所以命宮各座七殺、天同之兩人，和合時不能斷言吉凶！其餘亦同。

　　星系首重兩顆星曜結合後的化學變化是吉、是凶？性質

轉為如何？而且星曜結合後，往往三方四正也成固定型式，所以若能熟稔這些關係，就能遊刃有餘！切勿自己「想當然耳」的自由發揮！

伍、斗數格局分析

一般會以 60 年 ×12 月 ×30 日 ×12 辰＝ 259200 約 26 萬種為命學可能的組合，但這樣算是不精確的。

以干支祿命法而言，最多是 1300 萬組合（年月日時都是六十納音中的一支，所以 60×60×60×60 ＝ 12960000 種），但因為化成五行刑剋與十神，所以並沒那麼複雜，如以化成十神計，約有一萬種組合（10×10×10×10）。

斗數簡化的功能亦為明顯。因為斗數依年干（10 種）、年支（12 種）、月干（12 種）、日干（12 種。雖有 30 日，但只能散在 12 宮）、時干（12 種），另外又以生月生時交叉定命宮（12 種）、又以命宮宮干納音交叉生日定紫微（12 種），若忽略其他雜曜特殊定法不計，約有 3000 萬種（10×12×12×12×12×12×12 ＝ 29859840）。

但事實上，也並沒有那麼複雜。

如：紫微在對宮時（如紫微在子與紫微在午）的星系也是完全相對，所以紫微星系又能簡化為六式。

另外，群星又能分成廉武紫、殺破狼、機月同梁三大星系，所以最後又化約為三大樣。

而命宮與紫微的組合是 144 種（12x12）。

一般因為斗數頻律整齊、大樣明顯、依星曜所入宮位便能按圖索驥，所以易學，但斗數宮宮相扣、技術複雜，需有極強的連貫與邏輯能力，所以不易精深。

第三章

十二宮研究

　　紫微斗數的兩大重要素，首先是宮位，有了宮位才能雜佈群星，但一般人只著重星曜接觸後的徵驗法則，卻遺漏了十二宮所能傳遞的訊息，所以本章專門研究宮位以為補強。

壹、十二宮特別徵驗

一、福德宮

　　有天同、天梁、化科、化祿或祿存、魁越有福田之人。

　　有天梁、天機、太陽、龍鳳，具慧根。

　　逢空星有遁世之念，再加文星有哲理宗教天份。

　　紫微、七殺、破軍逢煞空、易絕望而厭煩紅塵。

　　大凡福德宮強而命宮弱者，必定想多做少，雖有開創構思，但明天又藉故推延實施。

　　（僅供參考：座孤馬、巨陽、機梁、日月且相貌像外國人，可能為異邦人士轉世。）

二、父母宮

化祿、祿存遺產豐，或得父母照料。

父母、兄弟、子女三宮必會照，桃花太重、單星，可判斷過房、婚外感情、庶出（兄弟、子女宮亦同）。

可從日、月之化吉化厄再與父母宮同參，判斷父母之健康、存歿，再和合之，準確度高。

流年父母宮如忌煞太重，父母狀況不佳。

父母宮喜逢天壽為父母添壽。

三、命宮

空星太重，縱連殺破狼、廉武紫，鬥性亦降低，反主刑傷減少（橫發性亦減少），但孤性加重。

命宮宮干四化絕對需要使用。

空宮本身就是一種格局，不宜借對宮星曜。

（如：武貪在遷，反主他鄉得祿鉅商格、府相朝垣格。

巨日在遷，反成機月同梁格。

機梁在遷、日月在遷、日梁在遷、陰機在遷、陰同在遷，反減少對親人的刑剋。

同梁在遷、機巨在遷、巨同在遷減少怨懟。

廉貪在遷、紫貪在遷降低桃花劫煞。

空宮之人包容性強，但遇到緊急事故，顯得慌張。）

四、遷移宮

主外出意外比主人際關係更應驗。

遷移宮喜逢祿馬或三臺八座。

五、兄弟宮

不喜座天機（佔宮位），化忌成仇或刑剋。

喜化科、恩光（化科入人倫宮感情濃密，六親宮皆然）。

手足多人，應用和合法，判斷個別關係。

六、夫妻宮

最喜化科，夫妻感情濃密，化祿因夫（妻）而貴。

星系刑剋、單星太多、桃花亦有第二感情。

夫妻宮不利者，一般以晚婚、長配、不要長相廝守為解決之道。

第三個大限前三年為早婚，後三年為晚婚，中間四年為適婚年齡。

　　流年逢夫妻宮、桃花諸星，多為結婚徵候，否則亦有男女情愛之事。

　　恩光亦主結婚，但多是為結婚而結婚。雖有喜慶，但較少感情澎湃。

　　夫妻宮座天壽，一般主大小配（以長配為多）。

　　夫妻宮座長生，一般主大小配（以小配為多）。

七、子女宮

　　桃花星曜重有庶子或過房之兆。

　　機月＋桃花星＋火，易有子女歸女方之事情發生。

　　羊、刑或厄格過重易流產、生產手術、帶病出生。

　　流年逢子女宮、胎、養、生諸星，有生育喜事。

　　子女宮座天壽，易有子女年歲數相差甚多者。

　　子女宮喜座長生，生育機率大增，子女防夭。有時亦主老年得幼子。

八、財帛宮

　　逢祿、化祿比座祿存好（祿存必夾羊陀）。

　　配合田宅宮看理財規劃。

九、疾厄宮

命宮亦可看出疾厄，需同參。

疾厄宮亦可判斷上司、職業環境。

疾厄宮逢武曲、廉貞化忌往往有惡化徵候。

疾厄宮宮干自化忌如遇武廉化忌，往往有癌症徵候。

疾厄宮宮干自化忌所在之宮位，每多異痣、胎記或受傷之處。

如下圖。

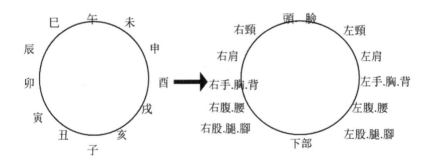

十、朋友宮

太強反受朋友牽制，惡奴欺主。

座祿反為朋友奔波，事後朋友不感恩。

人際關係看朋友宮比看遷移宮徵驗。

十一、事業宮

只主事業是否偉大，如欲參考從事職業，可從命宮、財帛宮、事業宮合參。

十二、田宅宮

用來建議家中的擺設是否需要注重風水。

流年田宅往往用來徵驗家中人員之存歿（或家道），尤以廉貞、太陰、太陽之逢忌為最應驗。

判斷有無祖產可用手掌下方兩塊肌肉是否豐滿參考。

貳、身宮

一、身宮由來

宇宙之氣凝質結性，故有了精氣神──命，但仍須有一軀體來寄存與行使意識，此軀體即為身體，軀毀氣出，人的肉體生命便結束了，故有安身立命之說。

雖然精氣神入駐身體，身體當受其指揮與影響，但人的軀體因為本身化學成份的關係，所以有所謂脾氣、個性、強弱的分別，故以身宮用來檢視人的軀體、隱藏的個性，頗有

效用。

二、身宮用處

中州派另以身宮起紫再起一盤，探究人潛藏的個性，但很少人使用。

另有以命宮為先天，身宮為後天。既然身宮能依先天時辰排列出來，並預斷日後福禍，又怎是後天？

所以身宮的用法是：當命宮無主星，或座貪狼、廉貞、廉貪等不穩定星系，或空星太多以致沒什麼生氣時，就要身宮同參，判斷他的最大潛在個性。（如身宮情況又類似，則其人往往就真的沒有特色了。沒有特色也是一種特色，他對吸收新知、接受建議等程度高，但也怕變得沒有主見，緊急狀況應變能力就會削弱。）

另外用身宮來判斷人的身體也頗為應驗。

身宮自化忌之星曜，對該人的身體影響最大。身宮自化忌所入之宮位，或毛髮有異，或長癬，或胎記，或留有疤痕，或該處器官疾病。宮位代表身體的位置是把身宮當頭與臉，其餘則與疾厄宮自化忌的順序一樣。而宮位的吉厄，即為該處的吉厄。

參、十二宮主與別稱

一、十二宮主

十二宮主所指為何，沒有明確的答案，作者認為以下較合理。在此採太陽、太陰不為宮主，因為太陽、太陰必於黃道、白道軌跡上圍繞，無法入其他宮位，故不為宮主。

福德：天同（福星），有積德之人。

父母：天梁（主壽），增添父母壽考，但不減刑剋。

兄弟：天機（機劫），兄弟為比肩劫財，反有間隙。

子女：破軍（主耗），我生者食神傷官，耗我精氣。

事業：紫微（主權），百官朝垣事業偉大。

田宅：天府（主庫），不為空庫家財萬貫。

財帛：武曲（主財），不為化忌財通三江。

以下五宮典籍未曾提及宮主，作者私下配對，僅供參考。

身宮：廉貞（化囚，將人之精氣囚限於肉體之內。）

夫妻：天相（化助）

遷移：七殺（主外出）

朋友：貪狼（主應酬）

疾厄：巨門（主口，病從口入、禍從口出。）

二、十二宮別稱

寅申巳亥：四生地、四馬地，入之元氣充沛，但驛動性強。

子午卯酉：四正地、四沖地，入之為人中庸，性格典型。

辰戌丑末：四庫地、四墓地，入之善守財，但亦過於保守。

巳（馬‧生）	午（沖‧正）	未（墓‧庫）	申（馬‧生）
辰（墓‧庫）			酉（沖‧正）
卯（沖‧正）			戌（墓‧庫）
寅（馬‧生）	丑（墓‧庫）	子（沖‧正）	亥（馬‧生）

1. 生正庫

五行於十二天干（十二宮位）各有生、正、庫之地。

金生於巳，旺（正）於酉、庫於丑。

木生於亥，旺（正）於卯、庫於未。

水生於申，旺（正）於子、庫於辰。

火生於寅，旺（正）於午、庫於戌。

土生於申，旺（正）於子、庫於辰。

2. 沖馬墓

子午卯酉，為北南東西四方，故四沖。

辰戌丑末，皆為土宮，主中央，故稱四墓。

寅申巳亥，非為正四方、正中央，故稱四馬。

三、天羅地網宮

天羅地網線即赤道線，斜 23°，南天、北天之分界。星落之往往受困無法再前進（不能越界），如：廉府、紫相、機梁座命；貪對武、巨對同，都有受困跡象，所以有先苦後發的情況。日月於天羅地網宮時亦日月反背。

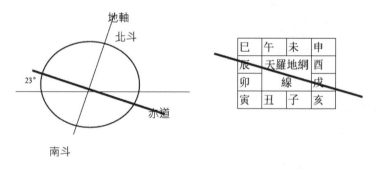

祿命宮、大限、小限、流年等流運宮入天羅地網宮較亦受到挫折。

肖龍、狗之人，流年座天羅地網宮，運勢會差點。

肆、宮位轉移理論

命盤是活的，譬如流年宮位當流年命宮，其餘依序逆向轉換。

相同的，宮位也有轉換功能。譬如，將夫妻宮當命宮，其餘依兄、夫、子……各宮逆向轉換，如此便可看配偶的兄弟、夫妻、子女……。（命盤各宮若依逆時針排列，在此要順時針排列；反之，命盤各宮若依順時針排列，在此要逆時針排列原理，請見「造命原理研究命」一章。）

妻	兄	命	父
子			福
財			田
疾	遷	友	官

檢驗一：

夫妻宮的夫妻宮指的就是我，現將夫妻宮當命宮，順時針排兄弟宮、夫妻宮，果然又回到我的命宮。

檢驗二：

兄弟宮的兄弟宮指的就是我（當然也有可能是其他兄弟，但現在用的是我的命盤，所以是指我）。現將兄弟宮當

命宮，順時針排列兄弟宮，果然又回到我的命宮。

檢驗三：

子女宮的父母宮指的就是我（當然也有可能是配偶，但現在用的是我的命盤，所以是指我）。現將子女宮當命宮，順時針排列父母宮，落於原本命盤的財帛宮，與原來命宮的三方四正有 3/4 相同。

檢驗四：

父母宮的子女宮指的就是我（當然也有可能是其他兄弟，但現在用的是我的命盤，所以是指我）。現將父母宮當命宮，順時針排列子女宮，落於原來命盤的官祿宮，與原來命宮的三方四正有 3/4 相同。

雙重檢驗一：

方才檢驗是單一檢驗，現在進行雙重檢驗。

我父母宮的子女宮（我）的兄弟宮應為我原來的兄弟宮。

現將父母宮當命宮順時針排列子女宮落於原本命盤之官祿宮，再以此當命宮取兄弟宮（第二次變換宮位，需用逆時針，原理請見「逆佈」一節）落於原本命盤之田宅宮，與

原來兄弟宮之三方四正有 3/4 相同。

雙重檢驗二：

我夫妻宮的夫妻宮（我）的兄弟宮應為原來我的兄弟宮。

現將夫妻宮當命宮順時針排列夫妻宮落於原本命盤之命宮，再以此當命宮取兄弟宮（第二次變換宮位，需用逆時針）落於原本命盤之兄弟宮，與原來兄弟宮之三方四正完全相同。

雙重檢驗三：

我子女宮的父母宮（我）的夫妻宮應為原來我的夫妻宮。

現將子女宮當命宮順時針排列父母宮落於原本命盤之財帛宮，再以此當命宮取夫妻宮（第二次變換宮位，需用逆時針）落於原本命盤之遷移宮，與原來夫妻宮之三方四正有 3/4 相同。

交叉檢驗一：

我的子女宮與夫妻宮當命宮後的子女宮應該一樣。

現將夫妻宮當命宮，順時針排列子女宮，落於原來命盤的父母宮，與原來子女宮的三方四正有 3/4 相同。

交叉檢驗二：

我的父母宮與兄弟宮當命宮後的父母宮應該一樣。

現將兄弟宮當命宮，順時針排列父母宮，落於原來命盤的夫妻宮，與原來父母宮的三方四正完全不同（失敗）。

- **結論一**：九個檢驗裡，有八個正確（符合度 100% 至 75%），一個失敗（符合度 0%），故是可以接受的參考模式，但不是絕對正確的公式。

- **結論二**：這些推演都是在自己的命盤中進行的，所以如欲真正推測對方，還是需要對方的生辰或生年進行和合法才能更進一步確定。

二、宮位轉移運用

1. 探究血緣

一般而言，探究直系血緣關係第二次不需逆轉，因為血緣是一脈相傳的！如；祖父、曾祖父、曾曾祖父……孫、曾

孫、曾曾孫皆然（兄弟、配偶、姻親不是直系血緣）。

驗證一：

我的子女宮的父母宮（我）的父母宮，就是他的祖父宮，也就是我原本的父母宮。

今將子女宮當命宮，取父母宮在原來的財帛宮，再取父母宮（直系血親不逆轉），則他的祖父宮落於原來命盤的疾厄宮，與我原來的父母宮呈對宮。對宮在斗數裡被視為高度相關，故可接受。

驗證二：

我父母宮的父母宮就是我的祖父宮，就是我子女的曾祖父宮。

今將父母宮當命宮，再取父母宮，落於原來命宮。

再將子女宮當命宮，取三次父母宮（皆不需逆轉），其曾祖父宮落於原來命盤的遷移宮，與我的祖父宮呈對宮。對宮在斗數裡被視為高度相關，故可接受。

- **結論一**：從本命命盤推直系血緣，是可被接受的模式。
- **結論二**：還是需要更進一步的和合才能更精確的判斷。

2. 探究其他親屬

因為前面關於親屬的基本宮位移動，被驗證為可被接受的參考模式，所以便將其推廣運用。

如：夫妻宮的兄弟宮、夫妻宮的兄弟宮的夫妻宮、夫妻宮的兄弟宮的子女宮、父母宮的兄弟宮、父母宮的兄弟宮的夫妻宮、父母宮的兄弟宮的子女宮……，故可探討各種親屬關係。

3. 各種宮位轉移

其實，除了親屬間的宮位變換，各種變換都可進行。如：將夫妻宮當命宮，則夫妻宮自然有了它的十二個其他宮位、將父母宮當命宮，則父母宮自然也有了它的十二個其他宮位……，所以單一次轉換就有 144 種變化，如進行二次轉換就有 1728 種變換……

- 本節結論：雖然透過宮位移動，原本單純的十二宮位變得千變萬化，但還是需要注意三點原則：

1. 這些變換都是在自己命盤中進行的，所以指出的對象（如：夫妻的兄弟）在我命盤中就有一個宮位位置。

2. 有了對象在我命盤中的宮位位置，再依生辰或生年進行

和合法，就能斷出他與我的關係，但並不就是因此能斷出他的禍福，千萬不能過份膨脹。

3. 如欲推斷某人在我命盤上的宮位，要注意第一次順佈、第二次逆佈，以及直系血親第二次後不再逆轉的技巧。

第四章　批命爭議研究

　　因為紫微命盤只有十二大式，且又簡化成六式，加上生年四化同質性又太高，所以無法真正顯示出每個人的命運特質。因此，許多學者便提出各種批命技巧，目的無非想讓同時辰出生的人能產生各種差異，進而做更多的分別判斷。但這些林林總總的方式究竟合理嗎？如何才能真正提升批命技巧？本章旨在討論這些批命技巧問題。

壹、時區

一、同時區

　　有學派主張雖同一時區，仍應以該時區中心線為準，對於周邊地區做時間修正，其中一分鐘的差異，可能就過了下一個時辰或下一日。譬如：同時區但差經度 1°，則差了 4 分鐘，一個時區有 15°，則會相差 60 分鐘，因此同時辰的人便可化出很多不同的命盤出來。

　　關於這樣依地理天文做的修正，作者認為萬萬不可。

舉例而言，某國家（省份）大部分土地居於某時區，小部分居於相隔次時區，但為求行政統一，將全國（全省）時間列為相同，如格林威治零時線，即居於行政區統一之事實，是一條鋸線，而非一條直線。

　　這樣將同群族列為同時區，更能符合「族群共通性」，若將小部分命運共同體的人分離出來，雖然符合天文地理，卻不符合人倫制度，但自古以來，不管先天八卦轉變為後天八卦，或先天河圖洛書轉變為「聖人則」河圖洛書，只有以天文遷就人世倫理，而無以人倫事實反就天文者。

　　至於依天文修正時間也不必，因為星命學原本就服從日曆法，不同於八字學是服從天文。況且，人之計時對於分之掌握原本就不夠精確，如果不能精確說出出生的分，而去修正天文地理的分，也毫無意義。

　　當然，若干學派主張依地理或天文修正時間，是希望能將命盤盡量差異化，以便克服同時辰、同命盤命運不盡相同的情況，其實，再怎麼變，還是脫不出斗數原有的那幾種排列組合格局，所以修正最好的方法還是和合與依現況修正。

二、不同時區

　　有人主張將外地人生辰依時區轉換為中原標準時間，依作者實際經驗，不主張變更，應以出生當地的標準時間為時辰。

　　我們以西洋占星術為例好了，它們是以出生當時的日月星曜照射為準，如果擅自變更出生時間，還能算嗎？所以臺灣用西洋占星術也沒改變時間。同理，如果西洋人用中國的占星術──七政四餘，也是不能改時間的。再同理，雖然八字、紫微不用實際星曜算命，但出生當時的「天象」象徵與徵驗意義，是不能推翻的，如果擅自變更時辰，整個意義便變動了，所以不能改。

　　星命學是以出生當時之星曜為準，譬如美國與中原相較十一小時之地區，當他在該地三月一日下午六點出生，中原為三月二日早上五點，在美國當時是黃昏日落，在中原卻是早上日升，如一轉換，日月星曜完全顛倒，如此以星曜照射為準的星命學怎還能言準？同理，星命神煞學雖不以實際天文為主，但這點星曜象徵的意義卻不能忽略。

　　所以，我們可以說，星命神煞學是以約在中原時區的角度去觀察星象得到的經驗法則，要將之傳播到外地不是不可以，但會有觀察角度不同的誤差，所以外地人接受這套學問

時，必須對它進行一些效度上的矯正，但並非轉化時區就可以適用了。

貳、日曆

亦有學派主張應按實際天文做時間修正，也是因為有可能因為這樣一分鐘的差異而過了時或日。譬如：11 月 2 日一天是 24 小時 16 分 21 秒，而 2 月 11 日卻只有 23 小時 45 分 35 秒。

討論斗數是否應該配合天文日曆做修正，我們必須討論中國的紀日法。

一、日曆法

紀日法有三種，一是五行紀日法，二是干支紀日法（此二者配合又構成六十納音），三是日曆法（即農曆用數字表示年月日的方法）。

八字算命是用五行紀日法與干支紀日法，星命學是用日曆法，因為八字原理為生辰四柱（年月日時）的干支五行刑剋，星命學原理是在不同時刻出現的不同的星曜徵驗。

　　中國日曆法（農曆、農曆）與西洋日曆法不同，農曆是以月球繞地球一圈為一個月，所以農曆與西洋不同點便是：

1. 陽曆十二個月份中，每個月份的天數除二月外，其餘是一定的，如一月大、二月小、三月大……。但農曆則不一定，譬如，元月有時三十天，有時二十九天，有時二十八天，每個月份都是二十八天至三十天不等。

2. 陽曆每四年一閏，閏年只在二月多個第二十九日。但農曆則為三年一閏（十九年七個閏月），閏年時多一個閏月。

　　所以日曆法是規規矩矩的走一天二十四小時，當走到月底，不管這個月是否已走完三十天，就該換成另一個月，如果走到年底，就要換新的一年。

二、五行干支法

　　五行紀日法與干支紀日法，則不以數字1234……，來表達月份，它使用干支名稱來表達，如甲子年、甲子月、甲子日、甲子時，而它的順序就是從甲子……癸亥等六十納音，六十個順序。

　　五行干支法配合天文上的時間，到了某時某分就到了某

個節氣，過了某個節氣即算下個月，過了立春便算下一年，譬如二〇〇五年立春是在農曆十二月二十七日凌晨 1:43，在此之前是己丑月，之後是庚寅月；在此之前是猴年，之後是雞年。

所以上述學者說的，配合實際天文時間來作修正算命，其實是偏向運用節氣天文時間來算命的八字法概念，斗數算命不論節氣，只論日曆，所以這個構想是不合理的。

參、閏月

會有閏月產生，乃是因為農曆定月球繞地球一圈為一個月，十二個月為一年，但事實上一年的週期並沒有那麼規律，總會慢個幾天，所以這些誤差的日子便要設置閏月來處理掉。

一般對閏月屬於當月或次月多有爭議，亦有人採折衷派，以前十五天為當月，後十五天為次月。我認為應屬當月，而非下個月。

舉例來說，西元二〇〇五年跨年時，因為地球的運轉慢了一秒，所以當年倒數時便多了一個閏秒，那請問，該閏秒是算二〇〇五年還是二〇〇六年？當然是二〇〇五年，因為

這一閏秒是為了等運轉慢了的那一秒，如果算二○○六年，就等於超前一秒了。同理，閏月是為了等月球運轉慢了的那些天，所以當然要算本月，如果算到次月，不就也等於超前了？

而就中國氣藏的理論而言，之所以有閏，就是因為該月氣未行畢所以置閏，故閏為該月氣之餘，既然還沒行完，尚未進入次月，所以應也是以當月算計。

如以日曆法論，置閏是為了保持紀日的正確性，所以尚未進位，既然尚未進位，當然亦以該月論。

因此種種論據可以明白，閏月應算本月而非下月。

肆、子時

有人以夜間十一點至十二點為夜子時，算當天；十二點至凌晨一點為早子時，算隔天，這種用法亦不符合中國的紀日法。中國曆法以過了夜間十一時即為隔日相當明確，故無須再多所贅行。

但之所以會有爭議乃在人們報時習性的錯誤。譬如：三月三日夜間準備臨盆，至凌晨一點生產完畢，人們習慣

說是以三月三日晚上一點（故令人誤以為是三月三日凌晨一點），應說是三月四日凌晨一點方為正確。故遇到子時生人，應對此多加求證。

伍、擇時

亦有人選擇吉祥時刻剖腹產子，學理上，不符合自然的東西，自不以自然律法解之。但在自然情況下人工生產，如與父母命盤相合，則可採用。

實例：某女難產，進醫院後醫生立即施以人工生產，雖是人工生產，但為自然所該行，後來嬰兒命盤與父母相合，十分符合，則可採用。

陸、飛星法

此外，坊間還有「飛星法」，譬如申、辰三會子宮，子宮對照午宮，因而申、辰兩宮便也照射午宮。這種說法有疑問，因為對午宮有影響的，除了子宮外，寅跟戌也是它的三方四正，這樣一來，影響午宮的便是六個陽宮（含午本身），佔 50%，也就是全部陽宮（子、寅、辰、午、申、戌）是一

個系統，全部陰宮（丑、卯、巳、未、酉、亥）是一個系統。

巳 -	午 +	未 -	申 +
辰 +			酉 -
卯 -			戌 +
寅 +	丑 -	子 +	亥 -

　　如果連夾午宮的巳、未宮也用飛星法的話，那等於全部陰宮也可對午宮造成影響，如此一來，十二宮對午宮都有影響，佔 100%，如此就喪失加重影響以茲區別的意義了。

　　三方再三方原本即非紫微斗數基本技術，如此考證起來，飛星法並無意義。

第五章

四化研究

何星四化？何年四化？向來有些爭議，本章要研究四化的派別爭議，並進一步說明四化的意義。

一、四化之星

四化星曜因派別不同有些爭議，如前所言，神煞是一種特別徵驗，所以四化也是特別徵驗，純粹是經驗論，所以很難用原理考證的方法一一確認。在此採取對學派觀點提出支持理由的方式來說明會四化的星曜是哪些星。於此採取支持天府、天相、七殺不四化說法。

如前所言，紫微星系、天府星系諸星，在斗數中排列的方式是恆定的（如圖），是因為交躔才產生星系。

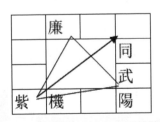 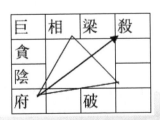

　　所以我們不難發現，紫微星系以紫微為首的三方四正是紫武廉星系，紫武廉在斗數裡像殺破狼一樣，極具開創性，同時也極具危險性，稱為「竹籮三限」，因為大變大動、大開大敗，充滿轉折與戲劇性，所以就時常出現特別的徵驗。

　　而天府星系以天府為首的三方四正是天府、天相、七殺，這樣的組合正是皇帝、宰相、將軍君臣慶會之格，所以結構十分穩定，如：七殺恆對天府，正是英星朝（仰）斗、府相永遠相會正是府相朝垣。因為格局十分穩定，就不會出現特別徵驗。

二、天同化忌爭議

　　如果接受天府、天相、七殺不四化說法，改以輔、弼四化，則爭議剩下庚年「陰科同忌」或「同科陰忌」。這邊支持陰科同忌。

　　學者反對陰科同忌的最大理由就是：福星不畏煞，故天同不化忌。但貪狼為排難解厄星，亦不甚畏煞（逢火鈴成爆發格、逢擎羊成馬頭帶箭格、逢空星又能習正、逢羊陀雖成泛水桃花，風流彩杖主偷香行為，但除非化厄，否則偷香也不是刑傷），但貪狼還是化忌。

另外，天同化忌的意義還要高出貪狼化忌許多。天同化忌可以激發天同原本柔弱的個性，成為反背格局，但貪狼化忌除了本身是排難解厄星外，一定還有破軍化祿來救，所以困厄都能解決，化忌對貪狼來說更沒有意義。

此外，四化原本即為星曜的特別徵候，天同原本柔弱，化忌激發反能反背或馬頭帶箭，應該算是很特別的徵候。

故庚年天同化科、太陰化忌並無不妥。

三、宮干自化

生年四化包含出生當年的命盤四化，以及每年流年的流年四化；而宮干自化包含命盤十二宮自四化、大限四化、小限化、流年宮位四化。

因為在紫微古賦裡只明確提到生年四化，並未確實提到宮干自化，所以有些學者便極力主張只能用生年四化，反對用宮干四化，譬如流年四化是以當年天干為據來四化，大限、小限則因為缺乏生年天干的支持，所以古賦裡就沒有提到大小限的四化。

古賦確實沒有提到宮干自化，但會發展出宮干自化，乃因為生年四化的可辨度太低，因為生年四化同質性太高。

如：武曲化忌，於業破業、於財破財、於六親破六親、於身體破身體，幾乎不但一無是處，還刑煞過重。但壬年武曲化忌，入六親宮不利六親（同座祿存更宜二姓延生）；入命宮三方不利生涯財官……總之，壬年生人三方四正不被武忌重傷者幾稀！但果真壬年生人，個個都孤敗無比？當然不盡然。

所以，除了生年四化，宮干四化亦絕對需要同參，否則根本喪失四化的意義。所以我們可以將宮干四化視為後人對紫微斗數技術可以接受的改良，而且效度還挺不錯。

四、化忌效力

四化有三奇一忌，所以往往會樂觀判斷。因此要認清化忌的效力強弱。

星曜化忌凶險不一，如：廉貞、武曲化忌之厄，恐連三奇也無法救助，或終將先成而後敗。

而巨門、天機化忌，亦十分凶險，效力能與三奇匹敵。

而天同福星不懼忌，反受其激發，但波折不免；貪狼解災排難星，也較不畏煞，事情終可解決，但也因而晚發。

其餘星曜化忌，其力甚於科祿權單顆，如：同時文曲化科、文昌化忌，厄之成份較多，如照一般程度努力，恐怕功虧一簣，功敗垂成，如果加緊努力，亦低空略過，要高分中榜機會不高。

　　但就三奇而言，化祿對化忌尚有排解之力，但化科與化權幾乎對化忌無排解之力，只能受到它的衝擊，因而呈現吉凶參半之兆。

第六章　空星研究

斗數不看空星，必錯誤百出！因為星曜逢空星後，性質都會轉變，甚至從一個帝王（紫微）變成一個僧侶！本章專研空星。

壹、空星由來

依六十納音理論，空亡有六顆（若要細分是十二顆），因為以十天干配十二地支，會有兩地支無天干可配，所以形成空亡。

空亡又稱旬空，因為十為一旬，天干十個剛好是一旬。紫微斗數利用這個觀念，所以發展出六顆空星。

甲乙丙丁戊己庚辛壬癸
子丑寅卯辰巳午未申酉
→
甲子旬空亡在戌亥
（甲子屬金）

甲乙丙丁戊己庚辛壬癸
戌亥子丑寅卯辰巳午未
→
甲戌旬空亡在申酉
（甲戌屬火）

甲乙丙丁戊己庚辛壬癸
申酉戌亥子丑寅卯辰巳
→
甲申旬空亡在午未
（甲申屬水）

甲乙丙丁戊己庚辛壬癸
午未申酉戌亥子丑寅卯
→
甲午旬空亡在辰巳
（甲午屬金）

甲乙丙丁戊己庚辛壬癸
辰巳午未申酉戌亥子丑
→
甲辰旬空亡在寅卯
（甲辰屬火）

甲乙丙丁戊己庚辛壬癸
寅卯辰巳午未申酉戌亥
→
甲寅旬空亡在子丑
（甲寅屬水）

貳、空星種類

斗數中空星因派別關係，安空星的名稱與數目不一，也並非全由旬空理論而來，但依六十納音理論，建議採樣六顆。中州派空星為「五顆六空」，分別為：地空、地劫、旬空（空亡），另外再加天空、截空（正空、傍空）。如下：

1. **地空**：六煞之一。

2. **地劫**：六煞之一。

3. **旬空**：全名「旬中空亡」，就是一般耳熟能詳的「空亡」，七煞之一。

4. **天空**。

5. **截空**：全名「截路空亡」，一星佔兩個位置，正副分別叫「正空」和「傍空」

坊間亦有五顆（截空不再分陰陽），更有只採前三顆。

大抵，以地空、地劫、旬空（空亡）為主要空星，絕對需與四煞配合。空星因為是干支配對中的遺漏，而干支又是中國解釋天文、人間的經緯，經緯無法交錯之處，就被視為是宇宙的死角，故充滿不可測的玄密，而且好像黑洞一樣，會把東西都吸進去，造成現實上的遺漏。

亦有學派認為，六十干支為可測，六空為不可測，故天地中，有 1/10 的死角（如果將空亡視為十二顆，則為 1/5 是死角），是人類利用現世各種方法都無法測知的部分。

空星除主人思想變得出世外，也容易因而喜歡佛道、哲學、玄學，遇昌曲機梁貪相會有涉略，遇龍鳳會有天份。

空星不若煞星會有明顯的刑剋或刑傷，但就像漏洞一樣，一直把錢財或福份都在不在意間漏失了，所以有時反而無從提防。

參、諸星逢空星

一、紫、七、破

遇空英雄豪傑亦鬥性大減，如：紫微、七殺遇空，反主僧道之人。其實沒那麼嚴重，主人鬥性減低，並有出世思想。因而從一個霸權思想轉為宗教、社服思想，但縱使如此，人仍有領導才能，與把事情做得更好的想法。所以易成為教主之流。

武曲七殺英雄末路（兩顆孤寡將星），但逢空星，其鬥性減低，所以不會把路走到絕境。

破軍亦然。破軍本有壯烈犧牲的悲劇性格，加空，其理想性更強。

二、廉、貪

桃花星遇空反正，主人風雅，唯情意之性不變，故為人多情意，並多浪漫幻想，但做的機會不多。

廉貞、貪狼遇空，藝術、宗教天份多多。

三、天府、武曲

財星、庫星忌入空星，成空財、空庫。故虛有其表，或奸佞求取。

再逢煞，為求財，會用計謀而招惹禍端。

四、文曜星

如：天同、太陰，逢之為人更為柔弱，有時變得毫無企圖心，但偏愛神祕哲學。

五、機、梁

機、梁原本主孤，並帶濃厚宗教氣息，逢空星孤及宗教

性更強烈，並且六親緣薄，座夫妻、子女尤為不利。

紅塵事業不利發展，轉往公益、社教、宗教、慈善、發展可。

六、太陽

太陽逢空星，會親自獻身於社會或宗教等救贖事業。

七、巨門

巨門暗星，逢空星更見寂寥，必為孤獨之人，或有怪僻、自閉。

八、天相

天相不甚畏空，但逢空星獨當一面之性質更少。而且天相亦有宗教性質，故亦容易有宗教信仰或活動。

肆、空星五行

坊間有所謂空星「遇水則發、遇火則旺、遇金則鳴」，有些學者認為是空星進入的宮垣屬性，亦有認為是空星會逢星曜的屬性，究竟何指？

作者認為是甲子（屬金）旬的戌亥空亡，屬金。

甲戌（屬火）旬的申酉空亡，屬火。

甲申（屬水）旬的午未空亡，屬水。

甲午（屬金）旬的辰巳空亡，屬金。

甲辰（屬火）旬的寅卯空亡，屬火。

甲寅（屬水）旬的子丑空亡，屬水。

　　支持的理由為：空亡原本沒有五行屬性（原本無一物，何處惹塵埃？），所以以出身的旬，來協助定其身分。這是所有星曜裡，空星最特別的地方。否則星曜本身若無屬性，入何屬性的宮、逢何屬性的星，又怎能產生五行生剋？

　　六顆空星的五行如下：地劫：丙火。地空：丁火。天空：無。空亡：無。 截空（正空、傍空）：無

　　故，天空、空亡、截空無五行屬性。雖然我們可以再去推究它們的屬性，但究竟沒有意義，因為空星原本就主空，跳脫五行陰陽之外！更無所謂遇水發、遇火旺、遇金鳴的說法，否則空星皆吉了！況且那是古人對音律的解釋，不適合用在空星。

第七章 造命原理研究

前面述及斗數是星命神煞學之一支，而星命神煞學乃由星象學經驗化、哲學化、固定化、擬人化而來，但斗數由星象學轉換而來之依據何在？轉化後應注意事項為何？

壹、定十二宮原理

一、定命盤地支

1. 地支固定

地支位置固定，乃是將天上十二宮依序排列比擬人的先天宮位，如下圖。

巳（四月）	午（五月）	未（六月）	申（七月）
辰（三月）			酉（八月）
卯（二月）			戌（九月）
寅（一月）	丑（十二）	子（十一月）	亥（十月）

2. 寅為元月

漢朝以降，中國曆法便以寅為元月及各種事件的肇端，理由如下：

1) 天開於子、地闢於丑、人成於寅；

2) 寅為東、為春，為一日、一年之肇始；

3) 古以木星為歲星，寅為木。

二、定命盤命宮

1. 逆佈

斗數裡經常用到逆佈（逆數），要用到逆佈的原因為：

1) 這是天文自然相對運動，譬如地球逆時針運轉，我們便會感覺星座順時針運轉。

2) 以天象比擬人間事物，就像鏡子反射真實物品一樣，所以方向是相反的。如：歲星是逆時針運行的，太歲星便順時針運行。所以，一正一逆即在表示一為實，一為擬。

3) 天人交躔，一正一逆才可以變換組合，如下圖。

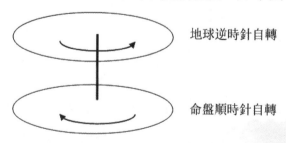

地球逆時針自轉

命盤順時針自轉

地球自轉是逆時針，所以虛擬命盤應該順時針，天上十二宮、人間十二宮，若方向相反則可交躔144種組合。若方向一致，則只有一種對應組合，無法化生人世的諸多因緣。

斗數裡的紫微星系與天府星系也是一順佈、一逆佈，才能交躔星系的變化。

因為鏡射與交躔的原理，所以天上十二宮順佈，則人的十二宮逆佈，就成了人的後天宮位。

又如以大限宮位當大限命宮，則其餘十二宮逆佈。
又如以流年小限當該年命宮，則其餘十二宮逆佈。
又如在命盤上找到生年生月後，便逆數生時找命宮。

4) 陰陽有別，兩個同質異性的東西（如文昌文曲、左輔右弼、身宮命宮等），也一正一逆以區分別。

5) 陰陽交躔時，和合（如陽局陰日）或得位者（如陽男、陰女）正布、不和合或不得位者逆佈。

6) 連續動作時，第一次比擬為逆佈，第二次比擬再逆佈，就變成順佈。譬如：尋找子年斗君依生月逆數，斗君找到後順數生時尋初一。又如：以天上十二宮比擬命盤的十二宮時逆佈，再以命盤十二宮變換宮位時，就要順

佈。

2. 循環比擬法

天道軌跡是循環的，如一天周而復始、一月周而復始、一年周而復始、一甲子周而復始，所以我們處在幾個多重循環裡，大循環與小循環都在循環。

但這些循環是以十支、十二干為最小公因數在循環，因此，我們可以在找到對準的起點後，將大循環依比例縮小到小循環（如將六十納音紀年法運用於月、日、時），亦可依比例將小循環放大到大循環（如以十二地支象十二時辰、十二月、一二〇年；十干象十日一旬、十年）。

這就是利用循環比例所產生的循環比擬法。但使用循環比擬法時需參考日曆修正，以維持天文次序。

- 「逆佈」與「循環比擬法」為命學的重要方法，應特別牢記。

3. 定命宮

接著便是以生月與生時定命宮。定命宮為何用生月與生時？這就是將天上十二個宮位比例對照循環的十二個月份與循環的十二個時辰。

以寅為正月，找到生月後，以該宮當子時（找到對準的起點），逆數至生時即命宮。為何逆數已解釋如上。

三、定十二宮

天上十二宮，人當然也十二宮，命宮找到後，便可逆佈其餘十一宮（請回閱「十二宮」一章）。

四、定身宮

星命學以太陽立命宮、太陰立身宮，固有命、身二宮，所謂安身立命。斗數則是生月逆數至生時立命宮，相對則順數立身宮。

五、定大限

1. 十年一限

大限就是將人出生當年的 12 個月令循環比擬人未來的 12 個 10 年。120 為滿數（10 天干 ×12 地支），亦為人的極壽之數，故諺語祝人吃到 120 歲，120 除以 12 宮，故每宮大限 10 年。除此之外，每大限 10 年，亦是以 10 支象 10 年。

但在其餘星命學裡，每個大限不一定皆為 10 年，或較

長，或較短，原本星曜在每個宮位停留的時間就長短不一，停留最長者甚至可達最短者的兩倍，故長短不一較均採十年合理（見本章參、）。

但因斗數流傳久遠，作者不敢妄自修正，只提出做參考。

星命學裡自命宮以降，每宮之年度長短分別為：10、11、15、8、7、11、4.5、4.5、4.5、5、5、8。

2. 逆數、正數

因為陽男、陰女為得位，所以佈大限順時針。
另外陰男、陽女不得位，所以佈大限逆時針。

3. 起限

斗數裡並非每個人一出生就開始起大限，如水二局兩歲起大限，木三局三歲起大限……，之所以如此，也是因為星象學淵源使然，說明如下。

天空有 360 度，所以每一宮有 30 度，以 3 度為一行，則每宮有十行，以象十年。以星象學而言，當算好了時辰入命時，不見得主星太陽都是入到第一行，有的落到第二行，

有的落到第三行……，所以落到第二行便是兩歲起運，落到第三行的便是三歲起大限……

4. 五行局

斗數是星命學，所以不會像星象學一樣算出實際主命星入命的行度，它是利用命宮干支的五行局。譬如，癸丑年立命於丑宮，以五寅首法知命宮干支為乙丑，乙丑屬金，金四局，故為四歲起運。關於五行局起限的原理將於本章肆探討。

六、定小限

小限是依生年地支

戌、寅、午年，一歲在辰。

辰、申、子年，一歲在戌。

未、亥、卯年，一歲在丑。

丑、巳、酉年，一歲在未。

因為小限是指每年的運勢，所以以生年為訂立一歲的參考基準。但為何是「戌、寅、午年，一歲在辰……」？

因為命學講虛歲，所以一歲指的是十個月的妊娠期與兩

個月的出生期，故就五行理論需由土化生，所以在辰、戌、丑、未四土（四墓、四庫）之地孕育，亦由辰、戌、丑、未四土之地出生，然後才能化生成人。

以「戌、寅、午年，一歲在辰」為例，以戌（土）為首的戌寅午正是一個三方能量互流區，然後由對宮的辰（土）出生，所以從孕育到出生，剛好是一個三方四正。見下圖。

貳、定紫微原理

雖然宮位與大小限定了，彷彿人的命盤經緯都畫好了，但沒有星曜自然不成星命學，所以接下來要佈諸星。因為紫微定，則十四主星定，所以以定紫微為代表。

一、定命盤天干

1. 五寅首

古代以六十甲子依序分別紀年、紀月、紀日、紀時，所以變成一種有規則可循的次序：

甲、己年的元月（寅月），一定是丙寅月。

乙、庚年的元月是戊寅月。

丙、辛年的元月是庚寅月。

丁、壬年的元月是壬寅月。

戊、癸年的元月是甲寅月。

因為出現五種不同的元月（寅月），所以稱為五寅首，而且因為寅為十二生肖的虎，所以又稱為五虎遁年法。

2. 定天干

接著，便以生年的五寅首（五虎遁年法）定命盤天干，譬如，癸卯年生的人，寅宮的天干就為甲，然後順時針類推，如下圖。

丁巳 （4月）	戊午 （5月）	己未 （6月）	庚申 （7月）
丙辰 （3月）			辛酉 （8月）
乙卯 （2月）			壬戌 （9月）
甲寅 （1月）	乙丑 （12月）	甲子 （11月）	癸亥 （10月）

從這張圖不難理解，命盤干支圖就是一張當年的月令圖，如：癸卯年元月為甲寅月、二月為乙卯月、三月為丙辰月……，同時這張生年月令圖，也將放大為個人一世的運勢圖，在循環比擬法下，一個月份類比為未來的每個十年。

3. 命宮干支

接下來便以命宮所在宮位之干支定五行局，如命宮在子，則甲子金，為金四局；如命宮在卯，則乙卯水，水二局……

二、定紫微

確定五行局之後，便按五行局與生日定紫微。相關原理請看下節。

參、五行局由來

五行局除了用來起限外，也用來起紫微，所以是命與運的關鍵。五行局如下：

水二局，兩歲起限、初二於寅起紫微、每進一宮跳二日。

木三局，三歲起限、初三於寅起紫微、每進一宮跳三日。

金四局，四歲起限、初四於寅起紫微、每進一宮跳四日。

土五局，五歲起限、初五於寅起紫微、每進一宮跳五日。

火六局，六歲起限、初六於寅起紫微、每進一宮跳六日。

譬如：命宮干支甲子，屬金，金四局，則四歲開始起大限；金四局的人依生日佈紫微，紫微在初四時入於寅宮，卯宮為初八，辰宮為十二，每進一宮跳四日。其餘各局同。

但為何水二、木三、金四、土五、火六？

為何起大限依五行局數？

而依五行局與生日佈紫微原理又何在？

一、局數由來

據一代斗數大師王亭之言，五行局是將先天八卦配合後天八卦。斗數是以南北斗為主，所以注重南北方。

在先天八卦中，南方乾位，北方坤位。但乾、坤兩卦在後天八卦裡，則是乾六、坤二。斗數的五行局便是將先天的南方火配合後天的乾卦六，成為「火六局」；將先天的北方水位配合後天的坤卦二，變成「水二局」，而木三、金四、土五則原卦不變。

王亭之師傅這段必須特別說明。在五行的數目裡，原本

以小至大排列，所以是水一、火二、木三、金四、土五。此
外在五行裡是水北、火南、木東、金西、土中。先天八卦中，
乾位於南故肖火，坤居於北故肖水。後復於後天八卦中，乾
為二，故以火肖二；乾為六，故以火肖六。

　　依愚之見，以五行入名根本是多餘的，因為不以五行入
名，一樣不影響五局的佈法，而且五行局的五行生剋在紫微
裡根本沒有用處，我們也不會說水二局的人屬水，木三局的
人屬木，所以這純粹只是以五行之名入五局之需而已。

伏羲八卦（先天八卦）

文王八卦（後天八卦）

巽 4	離 9	坤 2
震 3	5	兌 7
艮 8	坎 1	乾 6

二、局數起大限歲數

前面亦提過，之所以不以一或兩歲起大限，乃是主命星入宮位行度的問題，斗數雖不計算主命星入宮行度的問題，但仍接受這個觀念，所以便以命宮宮干五行局的局數來當入命宮的行度。

譬如，命宮水二局的人，因為是兩個陽粒子排在命宮首位，佔了兩個行度，故以兩歲起運；木三局的人，命宮是三個陰粒子排在首位，所以佔了三個行度，故以三歲起運；……其餘同。

三、五行局佈紫微原理

坊間有以公式定紫微十分便捷，於此不勝其煩，是要說明它的由來，讓人知道斗數佈紫微並非憑空而來。

以火六局為例，宮中生日即為紫微落宮之處：

☆初二			
10.24.29	2.16.30	8.22	14.28
☆初四 4.18.23	火六局		★初一 1.20
12.17.27			7.26
● 6.11.21	★初五 5.15.25	9.19	★初三 3.13

1. 尋寅

火六局則初六於寅（水二局則初二於寅，其餘同），方才提到，火六局的人命宮是六個陽粒子座首位，所以佔了六個行度，故以六歲起限，利用循環論的比擬法可知，火六局月份亦以初六為起點。而之所以起在寅，就是前面提到的寅為各種肇基之端。

2. 回溯

初六既然已經出生，當然更前面的初一、二、三、四、五也一定出生了，現在把它們找出來。

火為六個陽粒子，屬陽局

初一、三、五奇數為陽日

初二、四偶數為陰日

3. 局日配

　　陽局配陽日逆數初一、初三、初五。

　　陽局配陰日順數初二、初四。

　　陽局有水二陽、金四陽、火六陽。

　　陰局配陽日順數初一、初三、初五。

　　陰局配陰日逆數初二、初四。

　　陰局有木三陰、土五陰。

* 凡陰陽配者（和合）順數；陽陽配或陰陰配（不和合）
  逆數。

* 火六局因為初六已出生，所以回尋初五到初一；
  土五局因為初五已出生，所以回尋初四到初一；
  金四局因為初四已出生，所以回尋初三到初一；
  木三局因為初三已出生，所以回尋初二和初一；
  水二局因為初二已出生，所以回尋初一。

4. 以火六局為例

　　初六至初一既已尋獲，則按每進一宮跳六日（因為火六
局是以六個陽粒子為一組單位，所以每次跳六個），據此，
則可佈滿三十之數。

5. **其餘各局亦同。**

肆、紫微落宮機率

　　紫微以生年、生月、生日、生時交叉定出宮位，一般會以為，斗數因而是一個平均的分配，但事實不然，紫微落十二宮的機會是不平均的，以五行局配三十日共一五〇個型態裡，紫微落十二宮之次數統計如下：

巳 15	午 16	未 13	申 11
辰 17	東南面		酉 10
卯 15		西北面	戌 9
寅 15	丑 12	子 7	亥 10

一、天象運行軌跡

　　這樣不平均的分配在星象學裡是必然的，理由有二：

1. 雖然星球運行是呈橢圓形，但在軌道上移動的速度，卻是時快時慢（受中心恆星或受其他星座吸引影響），所以自然停留在每個宮位的時間機率就不同。

2. 星球雖按圓形運轉，但地球本身也在轉動，所以造成觀察時的相對位置不是圓形的，以斗數而言，它是外星

系，所以觀察相對位置是 Z 字形，所以在落宮上，也會有次數與時間的不同。

總之，斗數在十二宮落宮次數（或機率、時間）的不同，是天文必然現象，從這裡我們得到的結論是：

1. 紫微落在東南半面（寅到未）的機會高於落在西北面（丑到申），約高出一半的機會，而紫微在東南半面廟旺的機會也遠高於西北面（5：3），同時，東南半面也是太陽旺的地方，而且東南一向是陽氣旺的象徵。所以如以總體而言，人類進步的機會遠高於退步。

2. 有些學者因為斗數落宮機會不平均，造成命盤集中現象，所以有移動命宮或身宮的做法，但這是沒有必要的，因為落宮不平均，向陽面高於背陽面，本來就是天文自然正常現象。

伍、結論

星命神煞學最重要的三個基本因素便是：命宮、星曜、起限，如前所考，以十二月、十二辰推算出十二宮，以五行納音配合陰陽化生出紫微諸星，並以粒子數做為起限的依

據。

　　透過考證可知，目前斗數的方法在學理上皆有依據，所以對於坊間學者主張的，因諸多因素而移動命宮宮位、移動身宮宮位，乃至移動紫微宮位的做法，除非能有更有力的學理根據，否則皆不主張同意。

第八章　命學可信度分析

壹、子平與紫微比較

至此，對斗數的原理與方法應該或有領悟，但斗數或命學可信度終究如何？

譬如：以天上十二宮逆佈人之十二宮，又以十干、十二支象年月、逆佈原理、循環比擬原理、星曜徵驗法則……等，是否真的可以用在解釋人的福禍？

許多學者為了給命學或斗數一個不容懷疑的地位，託稱乃仙人下凡創立或仙人傳授，這當然是宗教或信仰上的解釋，但純就一門學術啟迪、濫觴、萌芽、形成、修正等的過程，斗數亦然經過這樣的過程。

命學玄妙原本即無法像科學一樣在實驗室應證，更無法像數學公式一樣是可以推算證明的，我們只能說，它是先人不斷徵驗、修正的結果。

譬如，天上十二宮的逆佈，或許一開始，先人並未有逆佈的觀念，但發現不對後，改用逆佈，結果效果好多了。又

或許，先人排大限時，原先並無陽男陰女、陰男陽女方向相反的觀念，也是後來發現不對後，修正的結果。……

　　所以凡此種種，只能說，命玄學原本就不是證明的，而是徵驗修正的，但它們都需建立在實證之上。

一、子平

　　如以子平（八字）而論，因為是建立在陰陽五行之上，所以自有其嚴密的邏輯系統，但系統雖自成嚴密邏輯，而用以解釋天地萬物或人的命運是否可行，自當經過事後的徵驗，但不管徵驗結果如何，八字系統還是不能脫離基本的陰陽五行原理，所以後來八字系統也採用若干神煞，相信是徵驗後用來彌補不足的，所以關於八字的結論是：邏輯系統嚴密，徵驗性較弱，所以需兼採神煞以為彌補。

二、星命

　　星命學最早雖是企圖以天文星曜來解釋人間事物或個人福禍，但明顯的，這個企圖並未十分成功，所以後來經過不斷的徵驗修正後，發展出各種神煞，後來又由朝廷天文官與學者官方刪定，保留了約兩百顆的神煞。

所以，星命學的星象邏輯系統雖在早期有被運用，但到了後來幾乎是建立在徵驗法則，所以星命學的星曜亦完全不遵守天文軌跡，只能說天文星象啟迪了星命學，而不是它的邏輯基礎或基本原理。

所以對星命學的結論是：徵驗性質強，但邏輯系統弱。

三、徵驗

八字有嚴密的邏輯系統，星命擅長徵驗法則（至今，徵驗法則還在不斷修正、持續中），各有所長。但對個人祿命的信度與效度如何，最主要還是徵驗後的效果如何？依作者經驗為：

1. 祿命學確實是一個很有用的參考，但不是絕對公式。就像各種投資商品都有一個日線圖與分析技術，如果善用，確實會讓人操作時有一個方向與概念，甚至有一套動作的方案（如果某種情形發生則採用 A 方案，如果某種情況發生則採用 B 方案），但它不是絕對的公式，所以必須時常修正，再配合用來採取動作，這樣這張圖就十分有價值了，但若一味認為它是絕對的，會自陷於阱。

命理也是如此，可以用來當成制訂個人發展策略的參考，但不能一味迷信，否則亦是沉迷。

2. 如前所言命學是否可信，最主要還是在後來的徵驗，所以這種徵驗的過程不能停止，需要學者經常注意、修正，尤其現代社會日益複雜，更需時刻調整，如抱古自珍、懷寶自璧，可能只是以千年前之言論斷千年後之事件，豈有不失大體？

3. 整體命學發展需要不斷徵驗，個人亦然，需要參酌現在的狀況，才能明判未來的趨勢，而非一貫以古賦徵驗照本宣科，否則將失之精義。

貳、同命異果

同時辰、同命盤但結果不同，是命學千古以來的爭議，要解決這個問題需先建立正確的思考路線。

一、人倫的重要性

前面提到，人命運形成有三種形上因素：佛家的因果論、道家的自然軌道論，還有儒家的天命論。

至於人或萬物的形下物理哲學法則是：陰陽、五行，太極。

　　但更重要的是，自然規律如欲運用於「人」，則需依人倫而轉換，如先天八卦、河圖、洛書轉換為後天，又如五行由本來的先天生序轉換為各種後天生序。

　　從這裡我們知道：人雖受自然影響，但仍以人倫為主。而所謂的天人合一，是將天轉換為人倫可用，而不是人倫去遷就自然。這個道理並非強調人的至高無上性，而是如果不符合人倫，人根本無法使用，就好像一塊華麗貴重的布料要修裁成合身的衣服才有用，否則光披著一塊布料不能修裁，不但沒有實用性，沒有價值，甚至是一種妨礙。

　　但長久以來，命學學者反而強調天文的重要，而忽略人倫的重要，所以才會強調陰陽五行、星象神煞對人的絕對影響乃至宿命，而非人如何去應對這些徵驗。

　　以星命神煞學而言，同時辰出生的人，受到相同的徵驗影響，但每個人福報、父母、血統（人倫）不一樣，所以一出生就有差異，因此雖然受到相同的徵驗影響，但影響程度、表現形式就會不同，因而結果也會有所不同。

譬如同時辰、同醫院出生的嬰兒，在育嬰房裡，我們很明顯的就觀察出他們不同的個性、表現，他們絕對不是同一個模子。

命學能探討的，只純粹是告訴人有哪些先天徵驗會對某些人產生影響，而非人非照著這些徵驗走不可，因為體質不一樣，反應就不同。

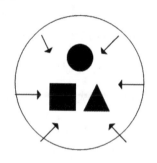

1. 雖然同時辰的人受到相同的徵驗影響，但每個人基本人倫條件不一樣，所以會有不同的反應。

2. 徵驗是對人的影響因素，而非必走的軌跡。

所以我們要確認：命學提出的徵候是告訴人，我們將受到哪些因素影響，而不是我們將循著這些因素運轉不可。前者是以人倫為本位，後者是以自然外界為本位。

二、交躔的重要性

命學原本就是講求相互交躔的，而非各自獨立、封閉的。

　　譬如：陰陽交躔成八卦、八卦又交躔成六十四卦；又如天干、地支互有會合刑剋，更又相互交躔成為六十組合；而五行五的循環交躔成十五的循環（五行紀日法）。

　　然後，干支六十組合又與五行紀日法交躔成六十納音、陰陽五行又交躔成十神……，總之，命學的原理就在不斷的相互交躔中發展到極致。

　　斗數亦然，也是以北斗、南斗星曜的交躔變換出十二個星座樣式，再以命宮、紫微的一四四種交躔變換組合。

　　但到了個人祿命法時，我們就忘了，自己的命盤需與別人的命盤交躔，才能再判斷互相的和合與刑剋，而欲以自己單一方向的命盤去解釋與別人雙向的關係（譬如只以自己的命盤就要判斷夫妻的和合）。

　　因為對象不一樣，交躔不一樣，造成同時辰、同命盤但命運不同的結果。譬如，同時辰、同醫院出生的嬰兒，因為父母不同，一出生就立刻有不同的待遇。

　　除了人倫交躔不同，環境交躔不同也是重要因素，譬如日後的教育、生長、擇友、配偶、子女環境不一樣，差異就

愈變愈大了。

三、後天改變的重要性

很多人以為，同時辰、同命盤的人，不是要同時得福或同時遭殃嗎？這種觀念不對。

後天行善為惡、行為抉擇的結果，都會滲入命運基因的種子裡，使命運的基因改變，造成日後不同的命運與結果，但命盤只能探討命運的先天基因，後天的改變無法在先天的圖像裡顯現出來，因為那是後來人又自己造的福或孽。

後天行為造成基因改變也是影響命運的重要因素，但命學只探討先天的這部分。雖然先天的因素確實也會影響人的後天行為，但在人倫不同、交遘不同、環境不同等因素下，先天個性只能說是造成後天改變的原因之一，不是全部。

以同卵雙生、同時辰出生之孿生兄弟為例，他們在出生初期，不管是人倫條件、交遘條件、成長條件差異都非常小，這時，我們發現他們的同質性就相當高，高到有所謂的心電感應，一方生病，另一方也會感到病痛，所以在某種程度上可以解釋成同時得福，同時得禍。

但愈長愈大後，因為後天差異愈來愈大，這時，他們先

天的基因已經開始產生後天改變，最後改變到有足夠各自不同的反應。

　　所以先天上命盤顯現在某時有個關卡，但因後天改變關係，每個人出現程度、反應就不見得一樣了。

四、自我意識重要性

　　而其實，影響後天改變最大的，應該還是每個人的自我意識，以及因而造成的不同行為與抉擇，這些因為自我意識而決定的行為與抉擇，才是改變後天基因的主因。

　　雖然許多學理在解釋人格、意識、行為形成的先天或外在原因，但人是有機的，不是布偶，也不是植物，他不能將一切歸諸天生、父母、教育、環境、朋友……，一切還是自己造成的。

　　就佛家理論，生而為人，就是要繼續修行，所以人有相當的機會來考慮並決定自己的行為與決定。

　　這麼舉例吧，同時辰、同命盤的人，就好像孿生兄弟拿了一副完全相同的遊樂器，但玩出來，有人大勝、有人大敗，其中，決定於自己的因素絕對是重要因素。

五、運勢三理論

上面提到因為人倫差異、交躔差異、後天差異、自我意識差異，造成了先天命盤有不同的差異肇端，接著再透過因果關係、時間序列、連鎖效應的不同，日後發展便愈差愈遠。

貳、如何看待命理

那麼，命理還有它的實用性與準確性嗎？

一、命學的實用性

每種工具、程式、方法、理論都有它的主用性與限制性，不要將之無限神話，就連科學也一樣。所以我們必須承認命學有它的一定實用範圍。命學的實用性在：

1. 探求每個人受到哪些徵驗的影響，而不是探求絕對的發展軌跡。因為這些徵驗受到人倫、後天因素不同會呈現不同的反應。

2. 命學可以探求先天的因素，但後天發展因素如：父母、教育、社會、環境等也是重要因素，所以不能否定社會

與個人對人的影響與改變。

3. 命學有它的參考價值，但不是絕對公式。

二、命學的準確性

命學有它的實用性，如欲提高準確性可以有下列方法：

1. 修正論

依目前情況下去對準，就能知道這張命盤的差異何在，進而推論出更精確的未來。

2. 和合法

把別人命盤與自己的命盤和合，就能更清楚知道交躔結果如何。

第九章　紫微與陽宅、方位

　　算命者經常會被問到一個問題：謝謝您幫我找出問題，那有破解的方法嗎？破解方法當然首重人要有面對問題的勇氣、解決問題的誠意，然後才能以理性的態度分析問題、解決問題。

　　但如果問題並非一朝一夕可以處理的，我們就會常說積福、改變個性、讀書等。經常，對方也會希望我們能給他一點「開運小偏方」，作者不主張大動土木或耗費不貲以為解運，唯若能在不鋪張的情況下加以修飾、防範，則不但可增加居處美觀、氣氛，又求得心安則未嘗不可。

　　斗數裡的趨吉法，可以星曜進入命宮、田宅宮、財帛宮、官祿宮來做一些防護或疏通運勢的方法。

壹、主星趨吉

一、紫微

　　住宅或辦公室（以下稱居處）高處運勢較佳。

二、天機

居處可設佛堂，或擺設佛像、佛書。

應戴平安符，或於車上方向盤繫一紅線。

避免不安定性過高，居處可置轉動的飾物，如，水車。

如化忌應注意風水。

三、太陽

居處應特別注意採光、座向（座西朝東或座南朝北）。

如座向不良，特別注重家中電燈光線充足，可擺設陽光燦爛之畫像為主飾物。

四、武曲

居處可有金屬製飾物（如：如意、文鎮、鐘鼎、銅鏡等）為主飾物，但不宜劍或刀。

可祭拜五路財神。

五、天同

居處如漏水、淤水即為破運。

可擺飾魚缸、水車等屬水飾物，但要注意養護、流動。

六、廉貞

居處以邊間為宜，中間較不宜；外間為宜，內間不宜；否則應注意出入需極為方便；死巷中居住大不宜。

居處不能只有一個門，同時應注意各種門窗之開啟良好。

窗簾最好拉開，通風、採光、流動充足，以解廉貞化囚之錮氣。

廉貞化忌應注意風水。

七、天府

天府為庫，居處後門勿大於大門，大門勿直通後門（否則中間可有盆栽、沙發、桌椅阻隔），後門上貼上「滿」之春聯。

亦可於後門裝飾畚箕竹編飾物。

八、太陰

家中有花園、盆景、花卉，能增運勢，或擺設花卉書畫。

夜間寢時電燈可以打開（如為主人，則為宅中最中間一盞，或客廳），如為單居則房間寢時以亮燈為宜。

九、貪狼

居處不能有空花瓶，亦不能以花瓶為明顯飾物。以免徒增桃色氣息（所有桃花星同）。

居處可置佛堂，或擺設佛像、佛書。

十、巨門

廚房、浴室、馬桶、排水溝、水管如有積淤、漏水、陰濕，會損運道，務必暢通乾爽。

居處光線、通風務必良好，否則電燈光線需充足，寢時燈光宜亮。

中央燈或客廳燈夜間宜亮。

可以陽光燦爛之圖畫為主飾物。

十一、天相

天相對風水敏感，應注意。使用印鑑可特別設計過。

天相不喜新物（屋），反喜舊物（屋）。亦可購置古典風格之家具或衣飾。

十二、天梁

家中可擺設佛堂，或佛像、佛書。

居處可擺設百子圖，或群童嬉戲畫像，減少孤寂之氣。

山林之畫亦可，山主人丁。但不適合擺生財的吉祥物（天梁忌財）。

十三、七殺

居處中可擺設駿馬圖、飛鷹圖，但不宜持刀神像圖。

可擺設臥姿布袋和尚，以求化祿。

如欲祭祀關公，則以持春秋關公為宜（持刀、持劍刑傷重）。

如軍警武職欲祭祀持刀關公，則應經常祭拜保生大帝、神農氏、南北極仙翁，或求得平安符隨時佩戴。

十四、破軍

同七殺。

貳、輔星趨吉

一、文昌文曲

家中可以書籍、獎狀、證書、勳章、獎牌等為主要裝飾。

或以文房四寶為明顯飾物。

二、天魁天越

大門內、外貼「貴」之春聯，座貴向貴。

亦可以文昌吉祥物為明顯飾物。

三、左輔右弼

居處左右兩端各貼「福」或「貴」春聯，左右逢源。

夫妻臥房不要亂貼。

四、祿存

家中祿位可有土（陶、瓷、玻璃）明顯飾物，增加財運。

水雖亦主財，但祿存不喜過於流動，故仍以土置品為宜。

五、化祿

家中祿位可置水之飾物，化祿喜活財。

六、化權

家中可擺設將相圖，或封官晉爵圖。

七、化科

同文昌文曲及化權。

八、龍池鳳閣

居處可擺設佛堂或佛像、佛書。

可擺設龍鳳呈祥圖。

龍池可有魚缸、魚躍龍門圖或龍船飾物。

鳳閣家中可有一古典櫥櫃為主飾物。

九、三臺八座

主舟車平安，有利外出，故可掛駿馬圖。

十、臺輔封誥

居處注意風水，可設佛堂，或置佛像、佛書。

十一、空星

可置臥姿布袋和尚、天然礦石，留住好運勢。

也可擺置山水，山主人丁水主財。

十二、各種煞星

如：陰煞、災煞、天煞、月煞，應常祭祀地基主、土地公。

亦應注意風水。

（以上壹、貳之飾物可為宅中明顯之主飾物，或於有利方）

參、簡易趨吉法

現在建築大多牢固，實際上的陽宅格局影響其實不大，有的反而是視覺、心理上的障礙，如不要大動土木，只做些民俗防護倒也無傷大雅。有些格局需特別注意風水，如：天機、天相、太陰化忌、廉貞化忌、武曲化忌、龍鳳、陰煞、災煞、天煞、月煞等，故在此提供簡易的風水趨吉法。

一、化樑

家中橫樑可貼上春聯，福（福星高照）、貴（貴人高照），或裝置斗拱，解其壓頂之氣。也可在樑壁相接之處的

壁上貼上春聯，讓其支撐樑的重量。

二、靠山

座位後如為窗戶沒有屏障，一般以為沒有靠山，可在窗戶玻璃上貼上「貴」春聯（貴人當靠山）；如後面為通道，或空曠之地，則在椅背上貼上「貴」春聯。

三、頭向

家中有船、動物、舟車飾物，則應頭（面）向內，以帶入運來。

彌勒佛若為臥像，則應置於最內處，面向外招攬好運；若為立姿走像，則應置於外處，半面向內，帶入好運。

四、壁刀

突起的棟柱形成一個直角，面對的人會有不利，可以流蘇、花卉、其他飾物將其掩飾。

五、廚廁

水主財，廚廁積水潮濕，為淤積之兆，通暢方為活水。

可開設窗戶、抽風機，或擺設花木，使其乾爽。

　　廚廁正對臥房或床，水氣逼人故不喜，可在廚廁出口或裡面擺一盆栽，吸其水氣。

六、對沖

　　大門與室內不喜直通，則可於大門處裝門簾，或將透明玻璃改為不透明玻璃（或貼上不透明玻璃膠紙），或於門之兩旁置盆栽、矮櫃。

　　大門進來對角之處以不安排人座為宜，否則宜於該處置吉祥物，或張貼紅紙、春聯。

　　屋內房間房門對角處亦為對沖，亦以不安排座位、床為宜，或於門口或對沖處置盆栽。

七、運壁

　　大門進入屋中正面那片牆最為明顯，是屋宅的臉，所以也象徵屋宅的氣色，應該保持美觀，或針對主人特性而裝飾。

八、後門

有人以為前門進財，後門漏財，所以將後門、窗戶鎖死，連鐵窗都不留出口，這是最為危險！

不管任何格局，內外動線流暢、宅內通風採光、環境乾爽鮮活都是基本要求，否則堵死了就是死葫蘆，財水進來久了也發臭。

前門是門面，亦是運入口，故要大、美觀，後門是運出口，雖然不大於前門，但不能沒有後門，否則屋內穢氣亦無從出！

後門應注意三點：一是將有用的氣再留下來，所以應該種植盆栽（前門種植盆栽可濾穢氣；屋內有盆栽則可以新陳代謝、活氣）；二是防漏財，可以擺置水缸、掃把畚箕垃圾桶，更要重視後門的安全防護更甚於大門；三是氣出去得通暢，使穢氣可以在大自然中消散，而這也關係住戶將來發生意外的逃生路線。

肆、有利方位

一、分野

紫微斗數不若五行一樣，可以透過與方位的結合，因而

判斷有利或不利的方位，但斗數是星象學，星象學也有判斷方位的方法。那便是「分野」。所謂「分野」就是以天上宮位位置比擬人世方位的做法。如下：

子：北方

丑：中方

寅：東北方

卯：東方

辰：中方

巳：東南方

午：南方

未：中方

申：西南方

酉：西方

戌：中方

亥：西北方

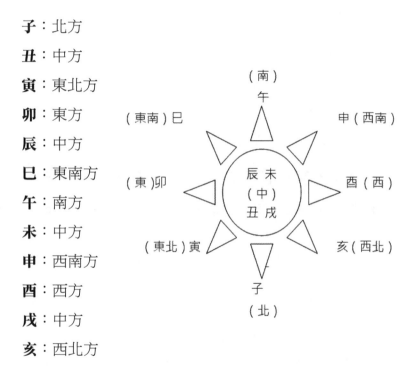

我們每個人生下來就有一張命盤，在占星或星命學的角度而言，那就是人一出生時的星座圖，就紫微斗數而言，雖然採用虛星，但也是出生時的星座圖。從星座圖裡，我們可以知道，哪個宮位旺，哪個宮位弱，然後依據分野的技術，

我們就可以知道，哪個方位對我們是有利的，哪個方位是不利的。

二、座或向

　　我們說「有利方位」，定義是「向」（非座），譬如有利南方，那是謂面向南方，或朝南方前進，而非座在南方，通常有三種做法：

1. 往有利方向前進發展。
2. 如不想遷徙可將自己的大門或面向調向有利方位。
3. 如果搬動風水很麻煩，則在自己有利的方位上擺上明顯的吉祥物來招吉，當然吉祥物上要有自己磁場的東西，才能感應。

　　遷徙對現代人來說，是一件平常的事，所以不必有太多忌諱，有一些格局如：武貪在遷、機梁座命、梁同座命、日月座命、七殺、破軍座命、天馬座命，都適合往外發展，但也同時需要注意刑傷，因此要注意方向和方位。

　　現代因為電信、交通發達，並不一定非遷徙不可，建議可做適合方位的外地生意或外國生意。做流動業（如物流、運輸、航運、航空、流動攤販、情報……），或業務、外務、

外勤、外出督察人員、經常出差、經常出國……這樣把遷徙流動的方向，就如前面提到的方法，尋找一個最有利的方位去進行。

當然有時事與願違，譬如你幸運方位在東，老闆叫你往西，這樣也無妨，你可以在辦公室、家裡的吉祥方位弄好，外出後也經常面對吉祥方位即可，終究如前所說的，方位是在向而非座，所以非到不利的方位並無大礙，只要面對的方向對就好了。

三、財位

一般民間風水學雖然與紫微不太有關，但因我們建議別人祿命，所以他人必會請教兩個問題，一是財位何在？一是文昌位何在？因此我們必須瞭解這兩個方位。

1. 民間說法

以「財位」而言，一般民間說法最常見的是以入門對角線，距離最遠的牆角為「財位」，如又要細分，則可以用房屋大門座向來區別，如下。財位的地方擺設要莊嚴、不受干擾、招吉，如擺設招財吉祥物、金屬飾物、磁鐵、水晶、財神廟護身符、《如意金龍玄壇真經》等，色調以白（守財）、

黑（活財）為主。

> **座北向南**：西南方，正北方。
>
> **座南向北**：東北方，正南方。
>
> **座東向西**：正東方，正北方。
>
> **座西向東**：：正南方，西北方，東南方。
>
> **座東南向西北**：西南方，東南方。
>
> **座西北向東南**：正西方，西北方，正北方。
>
> **座西南向東北**：正東方，西南方。
>
> **座東北向西南**：西北方，東北方。

2. 斗數看法

紫微斗數的財位在於祿存、化祿、財帛宮三者最佳者的宮位所在。圓周為 360 度（正北為 0 度），共 12 宮，故 1 宮 30 度，在 30 度以內的位置都可以，不一定要剛好是正方位。如環境不允許，可放寬到 45 度，因為以八卦來講，每個卦位是 45 度。譬如。祿存於卯是最佳的，則房間的 75-105 度可設定為財位。

巳 136-165	午(南) 166-195	未 195-225	申 225-255
辰 105-135			酉(西) 256-285
卯(東) 75-105			戌 286-315
寅 46-75	丑 16-45	子(北) 346-15	亥 316-245

四、文昌位

中國人重科考，所以重「文昌位」，文昌位也相當於「化科」，學子有利科考，成人有考核、晉升、受獎。

1. 民間說法

文昌位是用房屋大門座向來區別，如下。文昌位的地方擺設要莊嚴、不受干擾、招吉，可擺設書籍、文房四寶、號角、獎狀／牌／杯、證書、勳章、文昌廟護身符、《文昌帝君陰騭文》等，色調以綠色（青色）或金色為主。

座北朝南：東北方及中央。

座南朝北：南方及西北方。

座東朝西：西北及東。

座東南朝西北：中央及西南。

座西北朝東南：東及南。

座西南朝東北：西及東南。

座東北朝西南：北及西。

座西朝東：西南及東北。

2. 斗數看法

　　紫微斗數的文昌位在於文昌、化科、事業宮（學子以讀書為事業、成人的文昌為在事業上晉升、受獎等）三者最佳者的宮位所在。看法同上文昌位斗數看法。

第十章 紫微與三世因果、面相、有緣神明

人的運勢一部分是由因果而來，而整個福田業障就藏在「福德宮」裡，且因為斗數有移動宮位的功能，所以便可一窺前世的奧祕。

壹、累世福德

福德宮是人的因果宮，所以記載著累世以來福障的總和。福德宮吉，命宮不吉，此人此世應受磨練（天將降大任於斯人也），故雖有災禍亦多能解厄。福德宮不吉，命宮吉，此人此生走好運（小偷也有三年運），若不能自持，亦將破矣！

因果之說雖有徵候，但無法完全驗證，本章言論，亦只供參考。

福德宮有孤馬＋外形像外國人，可能為異族轉世。若客死異鄉，將來可能轉世為異族人（福德座巨日、同梁、機梁亦同）。

福德宮有因果星，化厄，多有冤親債主（故喜遇解神），若運勢不佳，七月應託廟宇超渡（因果星入六親宮，其親屬關係多為緣故未了，吉凶另以宮位吉凶論）。

福德宮有封誥＋文昌，化吉為人易有神通，化厄精神受損，疑前世修行遇障。皆有修習之人。

福德宮空星重，為人遁世思想，再逢宗教星，有累世佛緣（以下所稱佛緣，亦主其他宗教）。

福德宮昌鈴陀武＋天刑，思想肅殺，疑為前世怨重。不解，易再精神受損。

福德宮天機化忌＋空星，疑為前世修行遇障。

福德宮天梁＋空星，累世佛緣，化吉，多有果位。

福德宮龍池鳳閣化吉，不主佛緣，深諳玄哲，性情未了，只為天人，不主果位。

貳、三世因果

斗數看前、後各世，僅供參考。

三世看法有三道手續：定命宮、定紫微、定五行長生，

但這只是追蹤星曜的軌跡，天道軌跡只是命運形成的一部分原因，故只能斷出粗架，供做參考，如欲精確需視個人修為！

理論依據：天體運行有一定軌跡，只要抓對軌跡方向與速度，就能印證過去並預測未來的位置。

一、定命宮

斗數的命宮是按著每一時辰逆時針進宮一位。則按「循環論」可知，累世命宮亦應為逆時針前進。

故將今世命宮逆時鐘進一格即為下一世之命宮，順時針進一格即為上一世命宮。二世、三世……同。

二、定長生

再來依十二長生順序定運勢，如：今生命宮座十二長生的帝旺，則前世為臨官，下世為衰。

三、定紫微

斗數裡定紫微的手續原本即十分複雜：先以生月生時交叉定命宮，再以生年定宮干，再以宮干定五行局，最後再與

生日交叉定紫微。

　　紫微在斗數裡的軌跡雖然複雜，卻可以利用九宮飛翔的軌道來追蹤，依序是：子→未→申→卯→辰→巳→亥→戌→酉→寅→丑→午。如：今世紫微在卯（震3），則下世紫微在辰（巽4），前世在坤2。以此類推。因為九宮飛翔的軌跡兼具跳躍與連續移動兩種特性，符合紫微移動的特性。

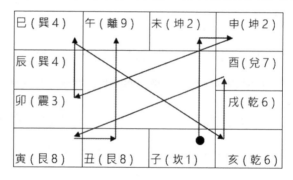

巳（巽4）	午（離9）	未（坤2）	申（坤2）
辰（巽4）			酉（兌7）
卯（震3）			戌（乾6）
寅（艮8）	丑（艮8）	子（坎1）	亥（乾6）

　　註一：此乃將九宮原理擴充為十二宮原理。

　　註二：5為中樞數，不入宮位，其餘對宮合成10之整數。

　　註三：坎水於子北位，離火於午南位。

四、注意事項

　　紫微與命宮原有144種組合，但須考慮兩個問題：

1. 今日亥時與明日子時命宮同宮，所以推進時有每十二宮

宕延一次現象。

2. 紫微、命宮分佈次數其實並不平均。

所以如果推測太長久世代的命盤，就會有更多的誤差產生，故建議只推前、後世為宜。最後還是強調，這只是參考用。

參、紫微面相參考

紫微有時會有盲點，譬如父母宮化忌，是父親不利，還是母親不利？又如祿命宮或流運宮吉煞雜陳，終究是偏向利或不利？此時，如果能有面相加以輔助，便能提供我們更多的判斷資料。更多可輔助紫微算命的技術，可參考另一拙著《轉做人生勝利組：一次學會 7 種算命術與簡易生機改運法》。

一、基本祿命面相

1. **命宮**：印堂（兩眉之間）主大勢；人中（鼻至唇的縱溝）主壽。

2. **父母宮**：額頭之左右兩邊。

3. **兄弟宮**：眉毛，眉長兄弟多，眉短兄弟少。

4. **夫妻宮**：顴骨。

5. **子女宮**：眼袋區域。

6. **財帛宮**：鼻頭，厚實多肉多富，鼻孔翻現漏財。

7. **疾厄宮**：鼻樑，挺直根高為佳。

8. **遷移宮**：太陽穴。

9. **僕役宮**：頷部（下巴）。

10. **事業宮**：上額。

11. **田宅宮**：眉至眼。

12. **福德宮**：耳朵。

　　以上，以無雜毛、無雜痣、無雜紋、無凹凸、不露青筋、不見骨、無異狀、氣色紅潤、肉厚實、膚細緻、面積寬廣為佳。此外，又主男左女右，譬如左眼袋有雜紋或不良徵兆，對兒子不利；如為右眼袋，則對女兒不利。父母、兄弟、朋友亦同。

二、面相四化

1. **化權**：顴骨顯露、法令深長。

2. **化祿**：耳垂厚實、鼻頭多肉（破財：鼻孔翻現、牙齒不

齊、手指隙大。）

3. **化科**：鼻樑高挺、眼眸明亮（額頭、後腦杓高聳，亦為
   化科）。

4. **化忌**：雜紋生現、異樣跡兆。

三、大限

早年——上（天）停：眉（含）以上。

中年——中（人）停：眉以下至鼻頭（含）。

晚年——下（地）停：人中（含）以下。

肆、有緣神祇

實務上，我們會教人去拜拜求神明保佑、去除災厄，這
時對方就會問，拜哪尊？其實心誠則靈，如果有正在拜或心
儀的神就可以，如果都沒有，則可依命宮或福德宮的主星來
建議可以祈求的神明。拜拜在民間來講是一種信仰，也是一
種習俗，只要不過於亂力亂神，這也是一種文化，也是一種
個人和社會的心理活動。

斗數星曜原本都是天上的實星，而中國民間也對星曜產

生諸多崇拜，譬如道教的《北斗經》、《南北斗經》，佛教的《北斗七星念誦儀軌》……等，都直接記載對星曜的崇拜和方法。

這些星曜崇拜後來又演變成各種神祇崇拜，雖然斗數後來已經虛擬化，但仍保持這些星或神祇崇拜的特色，所以譬如命宮座紫微之人，雖然不見得與紫微大帝有特殊緣份，但因為該人具備紫微的特點，所以祭拜紫微大帝是最適宜的，因此我稱祂們是「有緣神祇」。列表如下，詳見另一拙著《找神！拜對正廟有緣神》。

一、主星

1. 紫微星

紫微大帝。

三官大帝（天官、地官、水官）中的「天官」。

堯帝。

命宮座紫微，但空星很多的人（兩顆以上），反主親近佛教諸佛。

《封神榜》裡紫微星是周文王的兒子伯邑考。

西方神話裡，紫微的身分類似眾神之王或天帝的宙斯

（Zeus）。

2. 天機

諸葛武侯（孔明）。

朱熹（文昌朱國公、紫陽夫子）。

文昌帝君（梓潼帝君）、文殊菩薩。

鬼谷子。

有異族緣，可以親近基督教。

《封神榜》裡天機是周文王的軍師姜子牙。

西方神話裡，天機的身分類似繆斯（Muse）文藝女神。

3. 太陽

太陽星君。

大日如來。

東華帝君（東木公）。

玄壇元帥（趙公明）。

有異族緣，可以親近基督教。

女命多親近「元君」（女性正神）。

《封神榜》裡太陽星是死諫昏君紂王的大忠臣比干。

西方神話裡，太陽的身分類似僅次於天帝的太陽神阿波羅（Apollo）。

4. 武曲

武財神關聖帝君。

正財神趙天尊（趙公明）。

五路財神。

偏財神劉海禪師。

布袋和尚、土地公。

女命多親近「元君」（女性正神）。

《封神榜》裡武曲是周朝開國明君周武王姬發。

在西方神話裡，武曲星的身分類似第一英雄赫拉克勒斯(Heracles)。

5. 天同

福祿壽三星中的福星。

三官大帝中的天官（天官賜福）。

紫微大帝。

堯帝。

女命多親近「元君」（女性正神）。

《封神榜》裡天同星是周文王姬昌。

西方神話裡，天同的身分類似快樂之神狄俄尼索斯(Dionysus)。

6. 廉貞

臨水夫人（陳靖姑）。

七娘媽。

包公。

城隍爺、城隍夫人。

女命多親近「元君」（女性正神）。

有異族緣，可以親近基督教。

《封神榜》裡廉貞是出賣紂王的奸臣費仲。

西方神話裡，廉貞的身分類似愛情與美麗之神阿佛洛狄忒 (Aphrodite)，也就是維納斯 (Venus)。

7. 天府

庫財神也是文財神的比干。

南極大帝（南極長生帝君）。

其餘同武曲。

《封神榜》裡天府星是紂王具有賢德的元配姜皇后。

在西方神話裡，天府的身分類似創造人類的天神普羅米修斯 (Prometheus)。

8.　太陰

太陰星君（太陰娘娘）。

觀音菩薩。

城隍夫人。

王母娘娘（西方瑤池金母）。

女命多親近「元君」（女性正神）。

有異族緣，可以親近基督教。

《封神榜》裡太陰星是紂王大將黃飛虎的妻子賈夫人。

在西方神話裡，太陰的身分類似月亮女神阿緹米絲（Artemis）。

9.　貪狼

濟公。

田都元帥（雷元帥、相公爺，從事武職、表演）。

文昌帝君（從事文職）。

五斗星君、鬼谷子（從事玄學）。

女命多親近「元君」（女性正神）。

《封神榜》裡貪狼星是紅顏禍水妲己。

在西方神話，貪狼的身分類似青春女神及斟酒官赫柏（Hebe）。

10.　巨門

地藏菩薩。

包公。

閻羅王。

至聖先師孔子。

有異族緣，可以親近基督教。

《封神榜》裡巨門為姜子牙的前妻馬千金。

在西方神話裡，巨門的身分類似冥府王黑帝斯 (Hades)。

11.　天相

諸葛武侯（孔明）。

張留侯（張良、太玄童子）。

東陵侯（劉伯溫）。

武成王（姜子牙）。

佛教諸菩薩。

《封神榜》裡天相星是紂王的忠臣聞太師。

西方神話裡天相的身分類似兼智慧女神、戰爭女神雅典娜 (Athene)。

12. 天梁

保生大帝、神農大帝、藥師佛如來。

南、北極仙翁。

三官大帝中的水官。

至聖先師孔子。

文殊菩薩。

《封神榜》裡天梁星是周武王大將李靖。

在西方神話裡，天梁的身分類似仙人森陶 (Centaurs)。

13. 七殺

元帥尊號神明。

中壇元帥（三太子哪吒）。

武穆侯（岳飛、岳元帥）。

張仙大帝（張生）。

福祿壽三仙中的祿仙。

佛教中的四大天王是佛教中的護法元帥。

《封神榜》裡七殺星是原為紂王大將，後改邪歸正投靠周武王的黃飛虎。

在西方神話裡，七殺的身分類似戰神阿瑞斯 (Ares)。

14. 破軍

將軍、尊王稱號神明。

廣澤尊王（郭王公）。

聖王、王爺神、將軍神、國王神。

張仙大帝（張生）。

虎爺。

福祿壽三仙中的祿仙。

破軍逢空星太多（兩顆以上），反主親近佛教諸佛菩薩。

《封神榜》裡破軍星是亡國暴君紂王。

在西方神話裡，破軍的身分類似先成後敗的忒修斯（Theseus）國王。

二、輔星

1. 文昌星

文昌帝君（梓潼帝君）。

魁斗星君。

文殊菩薩。

《封神榜》裡文昌星是女將鄧嬋玉。

2. 文曲

文昌帝君（梓潼帝君）。

魁斗星君。

文殊菩薩。

《封神榜》裡文曲星是協助姜子牙的女仙龍吉。

3. 左輔

斗姆、左輔星君、六十太歲。

紫微大帝。

諸葛武侯（孔明）。

諸菩薩。

《封神榜》裡左輔是紂王將軍韓榮之長子韓升。

4. 右弼

斗姆、右弼星君、六十太歲。

紫微大帝。

諸葛武侯（孔明）。

諸菩薩。

《封神榜》裡右弼是紂王將軍韓榮之次子韓變。

5. 天魁

清靜、素雅、強調靈性修養的廟宇。

天乙貴人。

文昌帝君（梓潼帝君）。

《封神榜》裡天魁星是高衍。

6. 天越

清靜、素雅、強調靈性修養的廟宇。

玉堂貴人。

文昌帝君（梓潼帝君）。

《封神榜》裡並沒有天越星，改名為天罡星黃真。

7. 祿存

文財神（比干）。

同武曲、祿存。

北方多聞天王（財寶天王），俗稱「財神之父」。

《封神榜》中沒有祿存的封神。

8. 擎羊

玄天上帝（真武大帝）。

清源妙道真君（二郎神楊戩）。

保生大帝、神農大帝、藥師佛如來。

女命親近「元君」（女性正神）。

《封神榜》中擎羊是周武王的大將楊戩陣。

9. 陀羅

玉皇上帝。

三山正神「炳靈公」（黃天化）。

包公、城隍爺。

女命多親近「元君」（女性正神）。

《封神榜》中陀羅是紂王大將黃飛虎之子黃天化。

10. 火星

玄天上帝（真武大帝）。

炎帝神農大帝。

灶神（五恩主公中的司命真君）。

豁落靈官王（五恩主公中的降恩真君）。

女命多親近「元君」（女性正神）。

《封神榜》中火星是紂王的太子殷郊。

11. 鈴星

玄天上帝（真武大帝）。

后土皇地（無極地母）。

神農大帝。

女命多親近「元君」（女性正神）。

《封神榜》中鈴星是紂王的二太子殷洪。

12. 空星

空星反主僧侶，命中逢兩顆以上空星，反主親近佛教諸
佛、菩薩。

總結篇

學習此篇者，
將獲得祕笈的最高心要，
而頓悟紫微的奧妙和樂趣。

　　本書除了收集豐富的斗數資料外，也希望透過學術方法為斗數建立一些研究理論與方法，期待將斗數帶進更專業的哲學領域，並成為一門行為科學，最後在此願再一次強調。

壹、各種理論

一、平衡論

　　吉與凶的星曜數目要相當，才能平衡論斷吉凶。

1. 七吉與四煞三空要平衡使用。
2. 六吉與生年三奇、命宮三奇要平衡使用。
3. 化忌有時無礙，有時可抵過三奇（武曲、廉貞化忌）。
   化忌單顆勝過三奇單顆。
4. 煞星反正不能忽略它原來的凶性，橫發後不保證能守。
5. 吉星有凶的一面，要同時參照。

二、機率論

　　發生的機率愈小效力愈大，所以要求更多的星曜（包含小星）齊拱，產生更明確的徵驗。

三、修正論

斗數的徵驗法則要隨時代隨時修正，而個人的命盤徵驗也隨著個人現在的狀況修正。

另外，隨社會倫理實況修正的意義，遠大於經緯度與天文時間的修正，譬如後天八卦應用度高於先天八卦、聖人則河圖洛書應用度高於先天河圖洛書。

有些學者喜將命宮、身宮甚至紫微移來移去，企圖造成命盤的差異化，以解決同命盤命運不盡相同的情況，其實，再怎麼移換，還是無法擺脫斗數原本排列組合的那幾種情況，所以最好的修正還是依照人世倫理現況做調整。

四、循環比擬法

命學有兩個重要方法，其一便是循環比擬法。因為年、月、日、時都以十二干、十支為最小公因數在比例循環，所以，我們就能因而推斷過去、未來的軌跡。

五、逆佈

命學另一個重要方法便是逆佈。以天上的宮位來比擬人間的事件，在排列上要考慮到逆佈的問題。

另外，陰陽和合或得位就順佈，不和合或不得位就逆佈，也需考慮。同時，第一次比擬逆佈，第二次再比擬又逆佈，就變成順佈。

六、命盤先天個人化

命盤永遠都只是自己、先天的命盤，無法再去斷別人的福禍，只能判斷與別人（如父母、兄弟、配偶、子女、朋友）的先天緣份或關係，而後天的差異（如不同父母、兄弟、配偶、子女、朋友）與發展，就是造成同命盤命運不同的主因！所以要解同命盤命運不同的最好的方法就是和合與依現況修正。

七、和合法

斗數都只是個人的命盤，欲在自己的命盤看出與別人更進一步的刑剋，可在確定宮位後使用和合法。但在自己命盤上看出的只是我與他的關係刑剋，而不是他的福禍，不能過於膨脹。

八、因果論

人的事件發生，不是單點的，而是因果連貫的，譬如今年發生感情劫煞，有可能是好幾年前種下的因，也有可能是今年種下因，不久以後就要結成果，所以要追溯多年才能準確。

九、時間差序列

事件的靈動會因人事制度而提前或延後，也會因行動早晚而增強或消失，所以要注意靈動發生時，實際行動時機的掌握。

十、連鎖論

事件發生後產生倍數效果，使差距愈來愈大。

十一、多重交集

斗數欲做明確判斷就必須收集更多資訊求得交集，譬如：多宮合參、宮干自化合參、小星合參。流年則需檢視本命、大限、流年三重星曜的立體三元構造，同時流年與小限應一併合參。

十二、宮位變化

透過宮位變化可以有比十二宮更多的指涉事件，如：相對宮位、橋宮、外宮，但這時亦必用和合法同參，才能使對象的狀況更為明顯。

十三、徵驗法則

命學無法透過實驗或公式證明，它是一種徵驗、修正的結果，它有參考性，但非絕對性。

貳、命理行為哲學

「易經」之所以淵遠流長，乃至成為一門正統學術，乃在它的主要價值是在於生命哲學與行為倫理的探討，而預測只是附加價值。但相反的，長久以來，「命學」的主要價值在預測（乃至發展成過份誇張的宿命），而行為建議的部分則流於命理師父個人主觀的意見，但當命理師父運用神祕的方法提出建議時，往往又讓人覺得那是一種徵驗，所以在心裡蒙上一層障礙。

是以，命理師父的生命哲學與行為倫理素養若不強，則不在意的一句話，可能壞了人的一生，不得不慎！在此願提

出一些觀念供各位參考。

一、人皆佛種

　　此世仍能當人即表示福德仍佳，或業障已報，否則早就墜入其餘五道了，所以，原則上都算「好人」，只是脾氣不好的人，容易失控鑄下錯誤，故應該著重修為。當然人確實會因修行而有格調高低（如自私、消極、貪嗔癡），但無論如何都應與人為善，見其心性，沒有教人作惡的，作者曾聽聞某師父教人外遇以解厄運，以及這個桃花不化煞盡量去做等等，叫人啼笑皆非。

二、斯人天命

　　許多命運不好的人，總會以為那是前輩子造孽，所以因果報應，這是錯誤的觀念。許多因果好的人，有時命運反而不好，就如孟子說的，天將降大任於斯人也，必先苦其心志，勞其筋骨，餓其體膚。所以不管遇到什麼挫折，都當成是老天給人的磨練，有磨練才有進步，就如同學生不能躲避測驗一樣，人也不能躲避磨練。

三、因果非報復

有些人一出生即帶殘疾，或童年遭父母虐待，或長大後被騙被害，如果我們說那是他前世做壞或欠父母、別人債，所以才會這樣，無非給當事人無情的二次傷害，同時給施暴者一個合理的藉口！冤冤相報，不是天理因果罰則。

佛家說因果，不是前輩子傷了人，這輩子就還他一刀，這是野蠻的報復觀念，因果不是這樣，因果是一方應該彌補懺悔，一方應該接受寬恕，然後才能達到和諧共修的境界。

四、宜解不宜結

有人問：姻緣是天註定的嗎？作者認為是。從世俗面看，會覺得配偶是後來選擇的，但從形上看，人既然無法選擇父母、兄弟、子女，為何可以選擇配偶？配偶的影響尤勝父母、兄弟、子女，所以還有更深的因緣呢。

但不見得每個緣份都是天註定的，也有可能是此世結的，結果從此就種下以後累世的結。

人世紅塵亦然，凡不正不中者，皆宜解不宜結，免種下日後之因！

五、積德讀書

俗諺：一命二運三風水，四積陰德五讀書。這是宿命的順序，讀書積德排在後面，但反過來說，讀書積德是最能掌握、改變的。

欲解刀厄怨仇，唯有積德：捐血、佈施、義工、養性。

欲提高格局性質，唯有讀書，參加終身學習，使自我心智不斷提升、視野不斷擴展、人間事物更能得心應手，發揮層面拓寬，機會增加，運也會跟著變好。

參、改變命運方式

一般人都想趨吉避凶，但天命、天道的運行並不容改變、唯有改變自己的因果，亦即改變想法、個性、行為、結果，方能改變既定的基因。同時人更應有處事智慧，衰時韜光養晦，莫成潛龍勿用；旺時應留人三分，莫成亢龍有悔。

而各種趨吉避凶之道，或許多少有點效用，但法力不及業力，更不及天道運行的渾然天力，所以人如能瞭解自己的盛衰，能屈能伸、能戰能守、因時制宜，莫戀棧也莫怯戰，動如脫兔、靜如處子，才是上策。

* 格局完整天生好命者，幾其稀矣！所以實力還是最重要。大部分的人在運好時若能發揮實力加倍努力，則跳過門檻、扶搖直上。

* 常有命座化科者，因本身自信不夠，不敢參加考試，或三心二意，終究學歷普通，僅主工作、為人上受人喜愛。亦常有命座忌煞者，因始終心繫學業，所以在大限流年好時，終於考上大學、研究所。

* 因為天生好命與天生壞命都是極少數，大部分的人都在兩極端之間，所以貴在：

1. 瞭解自己的優勢用以攻擊別人的弱勢，則致勝機率大。

2. 瞭解自己的弱勢所在，迴避自己的缺點，並力圖改進，讓自己更為完美。

3. 運強時不能怯戰，喪失機運；運弱時不能戀戰，耗損能量。總之，人之動如脫兔，靜如處子，各有攻守，能伸能屈、能辱能榮，方為可為之人。

4. 最後還是要讓自己的實力提升，再配合運勢制訂攻守策略，則如孫子所言：知己知彼，百戰不怠。

正文終結，偈曰：「欲知前世因，今生受者是；欲知來世果，今生作者是。」《華嚴經・入法界品》又云：「譬如一燈入於闇室，百千年闇悉能破盡。菩薩摩訶薩菩提心燈亦復如是，入於眾生心室之內，百千萬億不可說劫諸業煩惱、種種闇障，悉能除盡。」點亮心燈，照見清明本性，即能破除無盡障礙，獲得無上光明與福份。

附錄篇

學習此篇者，
將能理解千年以來懸而未解的命理公式為何而來。

天文、星君崇拜與星命學

天文學、星君信仰和星命學（本文專指紫微斗數）三者都涉及天上的星曜，雖然天文學是科學的，星君信仰是宗教的，而星命學則是祿命的，但三者卻是有脈絡可循。亦即，天文學研究天上所有星曜的分佈與活動，真實記錄星曜的概況；星君信仰則將天文學結合五行理論和神祇崇拜重新架構星斗；星命學則藉由這些星曜信仰來進行祿命批算之術。

一、五方、五斗、五極、五天

漢族天文學很早就極為發達，周公時就設天文官與天文臺專門研究，到了漢初，整個天文架構就齊備了。古漢族天文學將天空分成「三垣」，分別是紫微垣、太微垣、天市垣；或四象，分別是東（青龍）、南（朱雀）、西（白虎）、北（玄武），而四象又各有七宿（星座），所以天空就有二十八宿，即二十八顆恆星或星座，涵蓋了天空所有的恆星，而星曜和星座也無可避免的成為被崇拜的星君。

最原始的五行（五方）信仰概念是「五方五老」，亦稱「五帝」，由「東南中西北」（一般由龍邊至虎邊的排列順

序）分別如下。

	西	北	中	南	東
顏色	白	黑	黃	紅	青
物象	金	水	土	火	木
五老	金母老	水精老	元黃老	赤精老	木公老
五帝	皓靈皇老君	五靈玄老君	元靈元老君	丹靈真老君	青靈始老君

但因為天文學發達，所以五斗星君信仰便取代五帝，「五斗」便是東斗、南斗、中斗、西斗、北斗，其實「五斗」是五個星空劃分區，各有許多星座和星曜，但民間習慣認為五斗是「五斗星君」，算是擬神化崇拜。後來更因為人們崇拜上帝的習俗，所以在五斗之外，又提升到「五極」帝君崇拜，分別是：東極（青華帝君）、南極（南極大帝）、中極（昊天玉皇大帝）、西極（太極天皇大帝）和北極（紫微大帝）；五極大帝加上後地皇土便是「六御」。而在民間信仰上，百姓把最熟悉的帝后組成「五天」，分別是：東天（東華帝君）、南天（關聖帝君）、中天（玉皇大帝）、西天（瑤池金母）、北天（紫微大帝）。

二、天文、星君、紫微

天文學上原有北極星和北斗七星、南斗六星（沒有南極

星），它們各有天文學名稱，但因為宗教信仰關係，這些星被賦予「星君」的神格，也各自有了新的星君名稱。到了星命學，這些北、南斗星君打破原有編制，混成紫微星系和天府星系，詳見下表。

斗位	天文位置	漢族天文名稱	西洋天文學名	星君名稱	佛教東方藥師七佛	紫微斗數位置
北斗	北極星	天極星	The Imperium	紫微		紫微系一
	北斗一	天樞	Dubhe	貪狼	最勝世界運意通證如來佛	天府系三
	北斗二	天璇	Merak	巨門	妙寶世界光音自在如來佛	天府系四
	北斗三	天璣	Phecda	祿存	圓滿世界金色成就如來佛	輔星
	北斗四	天權	Megrez	文曲	無憂世界最勝吉祥如來佛	輔星
	北斗五	玉衡	Alioth	廉貞	淨住世界廣達智辨如來佛	紫微系六
	北斗六	開陽	Mizar	武曲	法意世界法海遊戲如來佛	紫微系四
	北斗七	瑤光	Alkaid	破軍	琉璃世界藥師琉璃光如來佛	天府系八
南斗	南斗一	殉星	φSagittarius	天府		天府系一
	南斗二	妖星	Kaus Borealis	天相		天府系五
	南斗三	義星	μSagittarius	天梁		天府系六
	南斗四	仁星	σSagittarius	天同		紫微系五
	南斗五	將星	τSagittarius	天樞		（無）
	南斗六	慈母星	Ascella	天機		紫微系二
中天	黃道	太陽	The Sun	太陽		紫微系三
	白道	太陰	The Moon	太陰		天府系二

北極星和北斗七星在天文學上的名稱依序是：天極星和天樞星、天璇星、天璣星、天權星、玉衡星、開陽星及瑤光星。而南斗六星（沒有南極星）分別是：殉星、妖星、義星、仁星、將星、慈母星。

在星君信仰上，北極星和北斗七星名字分別為紫微和貪狼、巨門、祿存、文曲、廉貞、武曲和破軍。而南斗六星分別是：天府、天相、天梁、天同、天樞、天機。另外還有：中斗三星，東斗五星、西斗四星，和中天太陽、太陰。

星曜在星君信仰上異於天文學的名字和特性，乃來自佛教《大藏經》圖像部中與星斗崇拜有關的典籍，如《北斗七星念誦儀軌》、《佛說北斗七星延命經》及《大方等大集經卷第二十》……等對星曜的稱呼，道教經典對星曜神君的崇拜當然也很多，兩者星君稱號完全一樣，可見相互因襲的成份很大。

佛經中稱北斗七星為「東方藥師七佛」，分別是：南無貪狼星，是東方最勝世界運意通證如來佛；南無巨門星，是東方妙寶世界光音自在如來佛；南無祿存星，是東方圓滿世界金色成就如來佛；南無文曲星，是東方無憂世界最勝吉祥如來佛；南無廉貞星，是東方淨住世界廣達智辨如來佛；南

無武曲星，是東方法意世界法海遊戲如來佛；南無破軍星，是東方琉璃世界藥師琉璃光如來佛。

另外，它們的特性如下：北斗七星主掌解厄延生，第一星天樞陽明貪狼，第二星天璿陰精巨門，第三星天璣真人祿存，第四星天權玄明文曲，第五星天衡丹元廉貞，第六星開陽北極武曲，第七星瑤光天沖破軍。以第一星「天樞陽明貪狼」為例，「天樞」是它在天文學上的名稱，「陽明」指的是它的特性，「貪狼」是它在宗教學裡的名字，以下同。

但是，紫微斗數的星座架構和星君信仰又大有出入，這肇因於算命的需求，因為紫微斗數不是用實際天文星曜來算命的占星術或星命學，而是一種虛擬的「神煞學」，所以它借用了天文星曜的名字和它們的特性，來構成自己的系統。

在紫微斗數裡，紫微星系是紫微、天機、太陽、武曲、天同、廉貞等六顆星；天府星系是天府、太陰、貪狼、巨門、天相、天梁、七殺、破軍等八顆星。

至於東斗和西斗在紫微斗數裡並沒有採用，而是採用中天的太陽和太陰，一說太陽代行東斗的任務，太陰代行西斗的任務，因為東斗以東華帝君為主宰，而東華帝君是眾「神君」（男性神祇）的總管，而太陽主陽，所以由太陽代行東

斗職務並不相悖。相同的，西斗以西方瑤池金母為主宰，總管眾「元君」（女性神祇），太陰主陰，所以由太陰代行西斗職務並無違背。

其實紫微斗數之所以只採用南、北兩斗，和中天的太陽、月亮，是因為宗教信仰認為，「南斗註生，北斗註死」，同時有太陽和太陰崇拜，所以星宿祈福儀軌多只講此兩斗、兩星，所以用不到東、西斗。

我們可以發現，在紫微斗數裡，不管是天文學的或信仰的星宿，都因算命的需求而打破原先的建制，自成獨特的系統，雖然如此，我們還是必須建立幾個觀念：

1. 紫微斗數大體上還維持最重要的南、北二斗的形式。

2. 雖然星曜的建制被打破了，但星曜的特質還保持信仰上的特性，譬如紫微、天府還是北、南斗的帝星等。

3. 紫微斗數的星曜架構其實更「人性化」，所以更貼切用來算命，譬如有帝王星、佐相星、文臣星、將軍星、商人星、文人星……，根本就是人間制度的翻版。

小結：天文學和民間星宿信仰並不盡相同，而紫微斗數與它們又不相同，但儘管如此，紫微斗數還是保有星曜原本

在信仰上的特性，所以這些星曜所指涉的神祇和意義並未改變。

三、紫微斗數非印度產物

因為紫微斗數的星曜採樣大量取自《大藏經》中的說星經典，所以有一派學者便認為紫微斗數是從印度傳來，但我並不認為如此。因為綜觀這些經典可以發現，它們使用漢民族的干支、農曆，四象二十八星宿的分類與名稱也和漢民族天文學完全一樣，甚至用到西洋占星術的星座和宮主（有人因而說，連西洋占星術也源於印度佛教，則言過其實），從時間的先後來判斷，這很顯然是藏密融合佛、道兩家之說的結果。

後人「偽造佛經」在佛教典籍裡比比皆是，最重要的是，佛陀反對出家人以占卜星命為業，還把它列為出家人的五不正業，所以怎會有佛說星命的書？坊間甚至還出現過佛陀指示地藏王菩薩教人占卦的「占察木輪相法」，這些都是後來因為宗教（藏密）需求，而結合當時地方星命相卜之學而來的，不能說在佛經出現過的，就都是從佛教或印度而來。譬如，密宗不空法師所譯的星宿經典，便是將西洋十二

宮占星法、印度黑白月吉凶法、中土二十八宿、時日剛柔吉凶生剋說等相揉合而寫成的。此外，藏密裡有九宮八卦咒牌，內容除了佛教的本尊菩薩外，還有咒語以及八卦、星相圖，所以就有人說，易經八卦也是從印度傳到漢民族的，乃文殊菩薩所賜。但據史料證明，那是密宗大成就者蓮花生大士把密宗傳入西藏時，融合了漢、藏文化所親自設計的。

又如密宗北斗信仰中的北辰菩薩名為「妙見菩薩」，足踏蛇龜，即為漢民族玄天上帝。所以動輒將宗教、玄學等歸納為印度或佛教所發源，實在大可不必。

四、紫微星曜與《封神榜》諸神

因為對星曜的好奇和崇拜，自然會產生許多神話，而其中又以明朝《封神演義》最為重要與完整，這本傳奇藉由周武王伐紂的歷史，發展一套戰爭神話，最後並將故事中的人物全部封了神。

《封神演義》第九十九回姜子牙大封群神，其中與紫微斗數星曜有關的是：紫微─伯邑考、文曲─比干、武曲─竇榮、左輔─韓升、右弼─韓變、破軍─蘇全忠、貪狼─鄂順、巨門─郭宸、太陽─徐蓋、太陰─姜皇后、羊刃─趙升、七

殺—張奎、天魁—高衍、天機—盧昌。這個神話後來傳到日本，經日本人改良後又傳回漢民族，結果如下：

紫微—伯邑考、貪狼—妲己、巨門—馬千金、祿存（無）、文曲—龍吉、廉貞—費仲、武曲—周武王、破軍—紂王、天府—姜皇后、文昌—鄧嬋玉、天機—姜子牙、天同—周文王、天相—聞太師、天梁—李靖、七殺—黃飛虎、太陽—比干、太陰—賈夫人。另外還有：擎羊—楊戩、陀羅—黃天化、火星—殷郊、鈴星—殷洪。

這個結果很顯然的是為紫微斗數而發展出來的，因為《封神榜》裡根本沒有陀羅、火星、鈴星這樣的名字。

現在民間紫微斗數採用的就是這個日本版本，要強調的是，這是日本結合《封神榜》與紫微斗數的產物，並非現代某人所創。因為這個對照是後來為了配合紫微斗數才產生的，所以顯然比原先的漢民族《封神榜》中人和星的個性更為貼近紫微斗數，所以本書也採取這個說法。至於在日本封神榜沒提及的，便以原始的漢民族《封神榜》為採樣，他們是左輔—韓升、右弼—韓變、天魁—高衍、天越（天罡）—黃真。

結論

因為不同的需求，天文學演變成星君信仰，接著演變成星命之術，後來又與神話結合，產生許多對照的歷史或神話人物，當然，越到後期，科學的成份越少，信仰與民俗的成份越多。

這可分成兩方面來談，一是五斗星君、五極大帝、北斗七星君和南斗六星君等，它們已經成為宗教信仰，並為正信宗教的一部份，信仰原本就不是科學的，它講究的是相信：「共識」與「共業」的效應。所以星曜既然與神祇結合，則不管它科不科學，如果我們要接受信仰，就必須接受這些神祇；如果我們不能接受這些神祇，則就應該放棄宗教回去相信科學，如此而已。

至於紫微斗數結合《封神榜》的部分，因為並非星君信仰與正信宗教，則當然就純粹成為民俗傳說的一部份，如果把它當成一種傳奇，也不無它的樂趣。

（原文發表於《歷史月刊》二〇〇八年十一月號）

十二生肖由星象而來及其原始意義

一、十二生肖由來

　　古代分天空為北東南西四象，每象又各以七曜（木、金、土、日、月、火、水）之順序區分，故有二十八星宿（漢族的星座），由於四象、二十八星宿屬於天文學學名，所以星命學的術數便以神將、動物名稱稱呼之，有時神將以獸頭人身出現，有時動物為神將的座騎，這個組合在明朝《封神榜》已完整出現，可見流傳的時間應該更早。整理如下表。

四象	木	金	土	日	月	火	水
北方 (玄武)	斗 (獬)	牛 **(牛)**	女 (蝠)	虛 **(鼠)**	危 (燕)	室 **(豬)**	壁 (貐)
東方 (青龍)	角 (蛟)	亢 **(龍)**	氐 (貉)	房 **(兔)**	心 (狐)	尾 **(虎)**	箕 (豹)
南方 (朱雀)	井 (犴)	鬼 **(羊)**	柳 (獐)	星 **(馬)**	張 (鹿)	翼 **(蛇)**	軫 (蚓)
西方 (白虎)	奎 (狼)	婁 **(狗)**	胃 (雉)	昴 **(雞)**	畢 (烏)	觜 **(猴)**	參 (猿)

　　又，古代將天空分為十二宮，所以古人便從四象裡各取位居中間的三曜，成十二之數以對應十二宮。但要注意的是：

1. 四象以北、東、南、西順序排列。

2. 七曜順序是以日為始，北方之日曜為鼠，因此鼠是十二生肖之首。

3. 天文學紀年是用木星（歲星），但星命學是用虛擬的「太歲」，其方向與天文學相反。所以鼠接下來是反方向的牛、虎、兔……。

二、十二生肖原始意義

十二生肖原本是二十八星宿中的成員被擷取出來，它們當初星宿屬性如下。

生肖	星宿	性質
鼠	虛	墟也，大土堆、村落，也有毀滅之意。有基礎可以守成，但需有危機意識，以免招致險惡。
牛	牛	牽牛星，也稱為大將軍星。努力實幹，大有做為，但生性孤獨，重工作輕別離，且固執不易變通。
虎	尾	龍尾。耕耘之後大豐收，無事不利且有名望，蔭子孫，但忌富貴生傲，而生不利。
兔	房	將穀、物收藏於房舍內。能夠積蓄財物，興家旺財，生樂美滿，妻美生育率高。
龍	亢	吭也，龍的咽喉。是龍吟生勢之處，也是龍的致命弱點，忌高傲而引發諸事不順，謙虛能得富貴。
蛇	翼	翅膀。翅膀能夠天空飛翔，但在陸地則無一用，故因審時度勢，進退得時，莫一飛再飛，迷不知返。

馬	星	七星，由七顆星組成星宿。田園、事業俱佳，能積極用事，但太在意別人的掌聲和崇拜的眼光。
羊	鬼	鬼使。主災殃、喪事，自身防禦力低落，如能借用信仰之力，可以增加防護力。
猴	觜	嘴也，白虎之口。自恃力大勢壯，因而有刑害，與親人相刑剋，田產事業易敗壞。
雞	昴	矛和矛頭上的纓髦。有炫亮的外表和實力，但武力外露則凶，不利親人，事業和田園容易敗壞。
狗	婁	大司馬（軍事首長）。能招攬聚眾，起造門庭，聲名遠播，兄弟和睦，身體健朗。
豬	室	房室。田園美好，長壽安康，子孫有成就，家庭美滿，但宜安居樂業，不宜貿然發展。

六十納音由來與原始意義

　　六十納音是由「十天干、十二地支依序排列」，配合「五行的十二長生」而成的科際整合成果，而其搭配法則則是運用音樂樂理，故稱納音。

一、五行與十二長生

　　萬物從出生、成長、壯年、衰亡復又胎藏準備出生的十二個階段（十二的由來見木〈星和太陽～時辰篇〉第一節），即：長生、沐浴（承受恩澤，弱者為敗）、冠帶（習於禮教）、臨官（建祿）、帝旺、衰、病、死、墓（衰則為墓、

旺則為庫）、絕、胎、養（受養於胎）。五行的十二長生（生
旺墓絕）關係如下。

金：長生在巳，旺在酉，墓在丑，絕在寅。

木：長生在亥，旺在卯，墓在未，絕在申。

火：長生在寅，旺在午，墓在戌，絕在亥。

水、土：長生在申，旺在子，墓在辰，絕在巳。

金、木、水、火、土五行，各依十二長生之屬性，可定
出納音屬性，譬如：金之子（死）、丑（墓）合為海中金（金
沉於海，不見蹤跡），這是哲學的理解與比喻，見下表。

五行十二長生表

	金	木	水	火	土
子	死	沐浴	帝旺	胎	帝旺
	海中金	桑松木	潤下水	霹靂火	壁上土
丑	墓	冠帶	衰	養	衰
	海中金	桑松木	潤下水	霹靂火	壁上土
寅	絕	臨官	病	長生	病
	金箔金	松柏木	大溪水	爐中火	城牆土
卯	胎	帝旺	死	沐浴	死
	金箔金	松柏木	大溪水	爐中火	城牆土
辰	養	衰	墓	冠帶	墓
	白蠟金	大林木	長流水	覆燈火	沙中土
巳	長生	病	絕	臨官	絕
	白蠟金	大林木	長流水	覆燈火	沙中土

午	沐浴	死	胎	帝旺	胎
	沙中金	楊柳木	天河水	天上火	路旁土
未	冠帶	墓	養	衰	養
	沙中金	楊柳木	天河水	天上火	路旁土
申	臨官	絕	長生	病	長生
	劍鋒金	石榴木	泉中水	山下火	大驛土
酉	帝旺	胎	沐浴	死	沐浴
	劍鋒金	石榴木	泉中水	山下火	大驛土
戌	衰	養	冠帶	墓	冠帶
	釵釧金	平地木	大海水	山頭火	屋上土
亥	病	長生	臨官	絕	臨官
	釵釧金	平地木	大海水	山頭火	屋上土

二、五行 30（60）循環

　　本段改寫自《中國方數大辭典》（中國，中山大學出版社，1991.7，P13），原理請見「四、六十納音與音律」。

1. 古代以五行循環紀日，「金→火→木→水→土」為一循環，如下：

金→火→木→水→土→金→火→木→水→土→

金→火→木→水→土→金→火→木→水→土……

2. 每隔三個字剔去一個，剩 15 個，15 個為一循環，如下，括弧者為剔去：

金→火→木→（水）→土→金→火→（木）→水→土→

金→（火）→木→水→土→（金）→火→木→水→（土）

3. 剩餘之 15 個，每個重複一次（作者按：前為陽，後為陰），成為 30 個，30 個為一循環，2 個循環共 60 個。如下：

金金火火木木土土金金火火水水土土金金木木水水
土土火火木木水水

金金火火木木土土金金火火水水土土金金木木水水
土土火火木木水水

作者按：

1. 此即為五行紀日法之 30（60）循環。

2. 在六十甲子順序裡將五行 30（60）循環置入，即得每干支之五行屬性，見下表。

甲子	乙丑	丙寅	丁卯	戊辰	己巳	庚午	辛未	壬申	癸酉
金	金	火	火	木	木	土	土	金	金
甲戌	乙亥	丙子	丁丑	戊寅	己卯	庚辰	辛巳	壬午	癸未
火	火	水	水	土	土	金	金	木	木
甲申	乙酉	丙戌	丁亥	戊子	己丑	庚寅	辛卯	壬辰	癸巳
水	水	土	土	火	火	木	木	水	水
甲午	乙未	丙申	丁酉	戊戌	己亥	庚子	辛丑	壬寅	癸卯
金	金	火	火	木	木	土	土	金	金
甲辰	乙巳	丙午	丁未	戊申	己酉	庚戌	辛亥	壬子	癸丑
火	火	水	水	土	土	金	金	木	木
甲寅	乙卯	丙辰	丁巳	戊午	己未	庚申	辛酉	壬戌	癸亥
水	水	土	土	火	火	木	木	水	水

三、五行的十二長生與六十納音

以金為例，其十二長生為：子（死）、丑（墓）合為海中金，故六十納音表中甲子、乙丑之金為海中金；寅（絕）、卯（胎）為金箔金，故六十納音表中壬寅、癸卯之金為金箔金；……以此類推，至此六十納音表完成。如下表。

六十納音表

甲子	乙丑	丙寅	丁卯	戊辰	已巳	庚午	辛未	壬申	癸酉
海中金		爐中火		大林木		路旁土		劍鋒金	
甲戌	乙亥	丙子	丁丑	戊寅	已卯	庚辰	辛巳	壬午	癸未
山頭火		澗下水		城頭土		白蠟金		楊柳木	
甲申	乙酉	丙戌	丁亥	戊子	已丑	庚寅	辛卯	壬辰	癸巳
泉中水		屋上土		霹靂火		松柏木		長流水	
甲午	乙未	丙申	丁酉	戊戌	已亥	庚子	辛丑	壬寅	癸卯
沙中金		山下火		平地木		壁上土		金箔金	
甲辰	乙巳	丙午	丁未	戊申	已酉	庚戌	辛亥	壬子	癸丑
覆燈火		天河水		大驛土		釵釧金		桑柘木	
甲寅	乙卯	丙辰	丁巳	戊午	已未	庚申	辛酉	壬戌	癸亥
大溪水		沙中土		天上火		石榴木		大海水	

四、六十納音與音律

六十納音由六十甲子、五行、五音、十二律整合而成，因採納音律元素與樂理，故稱納音。其法則後來被五行紀日法吸收，並修改成第二節的公式。其法則如下：

1. 五音與五行關係如下：宮土、商金、角木、徵火、羽水。

2. 發音順序為：商金、徵火、角木、羽水、宮土。此即為「逆向五行」。北宋科學名著《夢溪筆談》：「所謂音始於西方者，五音始於金，再旋傳於火，火傳於木，木傳於水，水傳於土。」另外，明欽定四庫全書之《書蠹海集》：「（節錄）氣者何？金也，逆行則為五行之用。金出礦而從革，於火以成材，然火非木不生，必循木以繼之，木必依水以滋榮，水必托土以止畜。」

逆向五行圖

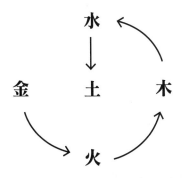

3. 一音分兩律（陽律、陰律）（故，甲子、乙丑共用一音，分兩律）。

4. 十二律隔八相生。以十二律呂對應十二地支的沖合，產生「隔八相生」的規律。實者，八包含自己，中間隔七。

5. 六十甲子實為 2 個 30 循環，故以一個 30 循環為單位。

6. 因 30 個干支納五行，每個五行只能納三音（六律），如果音盡就須轉音。

7. 轉音依前言之發音順序。

　　實際示範及說明如下。

1. 金 1 於甲子、子丑開始（前為陽律，後為陰律）。

2. 隔八相生，故於壬申、癸酉生金 2。

3. 又隔八相生，故於庚辰、辛巳生金 3。

4. 金於此三音六律盡，換火發聲。

5. 隔八相生，於戊子、己丑生火 1。

6. 又隔八相生（返回），於丙寅、丁卯生火 2。

7. 又隔八相生，甲戌、乙亥生火 3。

8. 火音盡，轉音並隔八相生木 1……

9. 如此依序即可排滿第一個 30 循環，並再炮製第二個 30

循環，成六十納音。

甲子	乙丑	丙寅	丁卯	戊辰	己巳	庚午	辛未	壬申	癸酉
金1	金1	火2	火2					金2	金2
甲戌	乙亥	丙子	丁丑	戊寅	己卯	庚辰	辛巳	壬午	癸未
火3	火3					金3	金3	木1	木1
甲申	乙酉	丙戌	丁亥	戊子	己丑	庚寅	辛卯	壬辰	癸巳
				火1	火1				

國家圖書館出版品預行編目資料

紫微斗數原來這麼算／林金郎著.
－－第一版－－臺北市：知青頻道出版；
紅螞蟻圖書發行，2022.12
面　　公分－－（Easy Quick；193）
ISBN 978-986-488-236-6（平裝）

1. CST：紫微斗數

293.11　　　　　　　　　　　　111017825

Easy Quick 193

紫微斗數原來這麼算

作　　者／林金郎
發 行 人／賴秀珍
總 編 輯／何南輝
校　　對／周英嬌、林金郎
美術編輯／沙海潛行
封面設計／引子設計
出　　版／知青頻道出版有限公司
發　　行／紅螞蟻圖書有限公司
地　　址／台北市內湖區舊宗路二段121巷19號（紅螞蟻資訊大樓）
網　　站／www.e-redant.com
郵撥帳號／1604621-1　紅螞蟻圖書有限公司
電　　話／(02)2795-3656（代表號）
傳　　真／(02)2795-4100
登 記 證／局版北市業字第796號
法律顧問／許晏賓律師
印 刷 廠／卡樂彩色製版印刷有限公司
出版日期／2022年12月　第一版第一刷
　　　　　2024年 9 月　　　第二刷(500本)

定價 **360** 元　　港幣 **120** 元

ISBN 978-986-488-236-6　　　　　　　　**Printed in Taiwan**